Jakob Kröker

W0178060

# Juden finden den Messias

Endlich angekommen - vom kommunistisch
geprägten Juden zum messianischen Juden

Jakob Kröker
**Juden finden den Messias**
Endlich angekommen - vom kommunistisch geprägten
Juden zum messianischen Juden

1. Auflage 2017

Lichtzeichen Verlag GmbH, Lage
Fotos: Jakob Kröker
ISBN: 978-3-86954-342-0
Bestell-Nr.: 548342

*„Meine Beziehung zu den Juden kann nicht anders sein als eine Beziehung zu den Brüdern, die ich liebe ... weil wir und sie, wie auch alle Menschen, Söhne eines Vaters - Gottes - sind."*

(L. N. Tolstoi)

# Inhalt

# Dank

Ohne die Ermutigungen, Unterstützungen und Fürbitten von Verwandten, Freunden und Glaubensgeschwistern würde ich den messianischen Dienst nicht machen können geschweige denn dieses Buch schreiben. Deshalb ist es für mich ein freudiges Anliegen, den christlichen Gemeinden so auch einzelnen Personen zu danken, die mir mit Rat, Tat, Gebet und finanzieller Unterstützung zur Seite standen.

Diese Arbeit widme ich in herzlicher Dankbarkeit meiner lieben Frau Katharina, die mich treu begleitete und alles nötige tat, um mir den Rahmen zum ungestörten Schaffen vorzubereiten. Herzlichen Dank an die Freikirche Köln-Ostheim, die ihre Räume für den messianischen Kreis zur Verfügung stellt. Ferner danke ich meinen Mitarbeitern Peter Enns, Jutta Klein, Peter und Susanne Hammer, Alexander Golovkov und Regina Stirz, die sich aktiv für die Gestaltung der Sabbatgottesdienste und Durchführung von jüdischen Festen einsetzen. Herzlichen Dank an meine lieben Kinder, die mir bei vielen Einsätzen in Israel und auch bei der Gründung des jüdischen Kreises in Köln mitgeholfen haben.

Auch meiner Heimatgemeinde in Heimerzheim bin ich herzlich dankbar, die mir zunächst ab 1997 dreimal im Jahr ermöglichte, in Israel evangelistisch tätig zu sein und in Gebeten hinter meinen Diensten stand.

Ferner danke ich der englischen Mission MT, bei der ich ab 2004 eingestellt bin. Mein Dank gilt ebenso meinen jüdischen Glaubensgeschwistern, die mir durch Leitfadeninterviews und Zeugnisse es ermöglicht haben, wichtiges Datenmaterial für meine Arbeit zu bekommen. Bei einer der letzten Israelreisen gab Walter Bähr, Leiter des christlichen Verlages „Lichtzeichen" mir den letzten Stoß, diese Zeugnisse zu verschriftlichen.

Bemerkung: Kein Teil dieses Buches darf ohne Genehmigung von mir oder vom Lichtzeichen Verlag in irgendwelcher Form, sei es in Zeitschriften, Magazins, Büchern, Broschüren, Traktaten und anderen Schriften verwendet werden.

# Vorwort und persönliches Zeugnis

Als ich mit meiner lieben Frau Katharina und unseren vier Kindern Rudi, Peter, David und Helene am 19.08.1987 im Bundesgebiet eingetroffen bin, stand ich vor einigen Entscheidungen. Ich fragte mich: Wie kann ich in der neuen Heimat dem Herrn dienen und wie kann ich materiell die Familie versorgen? Weil ich gesundheitlich sehr angeschlagen[1] war und dadurch auch eingeschränkt war, einige Berufe auszuüben, beschäftigte mich die zweite Frage besonders stark. Da ich in Almaty[2] die letzten zwei Jahren vor der Abreise nach Deutschland studiert hatte, überlegte ich weiter zu lernen, obwohl ich nicht sicher war, dass ich wegen der Krankheit noch ein Studium schaffen könnte. Als ich durch Verwandte erfuhr, dass es in Gießen eine bibeltreue Freie Theologische Akademie gibt, habe ich mich sofort beworben. Anfang September 1987 war ich bereits Student an der FTA. Da ich sehr viel Zeit unter gläubigen Studenten und am Wochenende in der Gemeinde verbrachte, vermisste ich den Kontakt mit denen, die Gott nicht kennen. Darauf betete ich zum Herrn: „Herr, hilf mir, einmal pro Woche einen Menschen, der an dich nicht glaubt, von dir zu erzählen."

Im Laufe des Studiums gab mir der Herr viele Möglichkeiten, mit Außenstehenden über den Glauben an Gott zu sprechen. Da ich zu dem Zeitpunkt noch sehr begrenzt Deutsch sprach, begann ich, die Menschen im Rollstuhl anzusprechen. Sie waren froh, mit mir zu sprechen, und ich umso mehr. Erstens war ich froh, dass ich mich in Deutsch schon so ausdrücken konnte, dass sie mich verstanden. Und zweitens, dass es bei jedem Gespräch auch immer um Jesus ging.

Im zweiten Jahr des Studiums bekamen wir unseren jüngsten Sohn Timo. Auch einen weiteren riesigen Segen durften wir als Familie erleben. Über mich hatten die Pastoren nach Jakobus 5 gebetet und ich wurde geheilt. Mein Hausarzt untersuchte mich nach der Heilung mehrmals aus Zweifel an meiner Genesung und bestätigte, dass ich gesund geworden sei. Die Freude war natürlich riesig groß.

Nach dem Studium gab der Herr mir immer wieder unzählige Möglichkeiten, mit Menschen über das Heil durch Jesus zu sprechen. Auch in den Zeiten, als ich Pastor einer Freien Evangelischen Gemeinde in Swisttal oder Religionslehrer an einer staatlichen Hauptschule war, ergaben sich immer Möglichkeiten, Jesus unter Ungläubigen zu bekennen.

Im Jahre 1996 äußerte ich noch einen Wunsch vor Gott: „Herr, ich möchte gerne in irgendeinem Land evangelistisch tätig sein". Nach dem Gebet dachte ich, dass der Herr mich nach Kasachstan führen würde. Ich bewarb mich in einer Mission als Missionar für Kasachstan und wurde da auch freundlich aufgenommen. Während der Verhandlungen mit der Mission lud mich ein Reiseveranstalter ein, eine Gruppe von deutschen Touristen durch Israel zu begleiten. Zunächst sagte ich ab, wurde aber wieder darum gebeten. Da dachte ich, es wäre ja ganz gut, vor der Reise nach Kasachstan Israel kennen zu lernen.

Als wir mit der Gruppe einige Tage in der Stadt Arad[3] waren, betete ich zu Gott: „Herr, wenn es in dieser Stadt an Jesus gläubige Juden gibt, würde ich sie gerne kennen lernen." Und der Herr erfüllte meinen Wunsch. Am Sabbat war ich in einer kleinen messianischen Gemeinde zum Gottesdienst. Ich wurde freundlich aufgenommen und durfte sogar am Programm teilnehmen. Nach dem Gottesdienst fragte mich der Pastor, der Leiter mehrerer südlichen Gemeinden Israels, Boris Bikas, ob ich bereit wäre, nächsten Sabbat in der Gemeinde zu predigen. Ich sagte zu. Am nächsten Sabbat sagte mir der Pastor, dass er im Negev[4] einige Hauskreise betreue und ob ich bereit wäre, während der Woche mit ihm die Hauskreise im Umkreis von 120 Kilometern zu besuchen und da zu predigen. Ich sagte erneut zu. Nach einigen Gottesdiensten sagte er zu mir: „Ich bin durch einen Christen aus den Niederlanden zum Glauben an Jesus gekommen." Der Pastor ermutigte mich, weiterhin das Land Israel mit den Evangelium zu besuchen und auch junge Christen zum Zeugnis geben mitzubringen. Nach vier Wochen unseres Aufenthalts in Israel kehrten wir mit der Gruppe zurück nach Deutschland.

Etwa zwei Wochen nach unserer Rückkehr aus Israel bekam meine Heimatgemeinde einen Brief vom

Missionsleiter der CMA[5] aus Beerscheba[6] David Leifert. Er fragte unsere Gemeinde in Swisttal, ob sie mich aussenden könnten, um unter den russisch sprechenden Juden in Südisrael evangelistisch tätig zu sein. Diese Anfrage brachte mich zum Nachdenken.

Daraufhin bin ich noch einmal nach Israel geflogen, um zu erfahren, ob der Herr mich wirklich da für die Verkündigung des Evangeliums gebrauchen möchte. In dieser Zeit hatte ich zwei Schlüsselerlebnisse. Nach einem Gottesdienst in Eilat[7] bekehrten sich drei Personen. Ich war natürlich sehr froh darüber. Einige Tage späterer rief mich Jaroslav Gatritch, Pastor der Gemeinde in Haifa[8] an und lud mich zu einer Wassermelone ein. Bis dahin kannten wir uns nicht. Als ich zu ihm kam und wir die süße Wassermelone verzehrten, sagte er mir in Bezug auf die Verbreitung der Frohen Botschaft in Israel Folgendes:

„Die Jünger des Herrn waren Juden. Sie sind in die ganze Welt gegangen, um das Evangelium zu verkündigen. Sie wurden geschlagen, gefoltert, getötet, aber nichts konnte sie von ihrem Auftrag abhalten. Unser Rabbi Paulus ist zu euch nach Europa gegangen, um euch die Frohe Botschaft zu bringen. Zurzeit gibt es bei euch, unter den Nationen, sehr viele Prediger. Warum kommt ihr nicht, ihr Prediger aus den Nationen, und bringt die Frohe Botschaft in das Land, aus welchem es ursprünglich ausgegangen ist?

Für mich waren die Worte des Pastors wie der mazedonische Ruf für Paulus. Mein Missionsziel hatte sich geändert. Anstatt Kasachstan öffnete sich für mich Israel. Uns war es auch bewusst, dass unsere Kinder alle im Schulalter sind und es für uns zurzeit nicht möglich sei, nach Israel umzuziehen. Darauf beteten wir zum Herrn: „Herr, wenn es dein Wille ist und du es möglich machst, dass ich mehrmals im Jahr nach Israel fliege, um da zu dienen, - ich meinerseits bin bereit." Eine starke Ermutigung bekam ich auch von Michail Zinn[9]. Als ich ihn in Kfar Saba[10] besuchte, sagte er mir: „Zweitausend Jahre lang hat unser Volk auf den Messias gewartet, soll es noch länger warten? Kommt zu uns und helft uns, die Frohe Botschaft unter dem jüdischen Volk zu verbreiten."

Seitdem gibt der Her mir mehrmals im Jahr Gelegenheit, nach Israel zu reisen und sowohl an der Verkündigung des Evangeliums als auch an der Gründung von messianischen Gemeinden teilzunehmen. Dadurch habe ich ein großes Missionsfeld unter den russisch sprechenden Juden entdeckt. Weil ich selbst 34 Jahre in der Sowjetunion gelebt habe und sowohl mit der russischen Sprache als auch mit der Mentalität, der Lebensanschauung, der Kultur und den Gebräuchen ex-sowjetischer Bürger gut vertraut bin, konzentriere ich mich in meiner missionarischen Tätigkeit ausschließlich auf die russisch sprechende Bevölkerung des Landes. Die unkomplizierten Einreisebedingungen nach Israel (als deutscher Staatsbürger braucht man kein Visum), die problemlosen Kommunikations-Möglichkeiten mit den Juden, die großen Missionsfelder und auch die schriftlichen und mündlichen Einladungen von den dort lebenden messianischen Juden ermutigten mich, den Dienst in Israel noch intensiver wahrzunehmen.

Eines Tages lernte meine Tochter Helene den Missionsdirektor der MT[11], Tom Mayr-Lori, kennen und erzählte ihm über meinen evangelistischen Dienst unter der jüdischen Bevölkerung. Darauf besuchte Bruder Lori mich in Deutschland und lud mich ein, mit ihrer Mission zusammen zu arbeiten. Nach einigen Gebeten nahmen Katharina und ich die Einladung von Tom am 1. Oktober 2004 an. Wir sind der englischen Mission MT sehr dankbar, dass sie uns jahrelang durch Gebete, Ermutigung und finanziell unterstützt.

Unter anderem bin ich von einigen Freunden ermutigt worden, einige Zeugnisse zu Papier zu bringen, damit diejenigen, die für mich gebetet und meine Reisen nach Israel mitfinanziert haben, auch einen Einblick bekommen von einigen gesegneten Erlebnissen wie in Köln so auch im Verheißenen Land. Weiterhin können die aufgeschriebenen Zeugnisse eine Ermutigung für alle Christen sein, die evangelistisch in irgendeiner Weise aktiv sind. Gott kann jedes Zeugnis gebrauchen, um Menschen, die Gott nicht kennen, neues Leben zu schenken. Ich weiß zwar nicht, was aus den tausenden Menschen geworden ist, denen ich im Laufe meines Lebens ein

Zeugnis von Gott gegeben habe, es bleibt für mich verborgen, aber es gibt eine Reihe von bewegenden Zeugnissen, die ich im Laufe meines zwanzigjährigen Dienstes unter der jüdischen Bevölkerung gesammelt habe. Einige wenige von ihnen möchte ich gerne zur Ehre Gottes in diesem Buch aufschreiben.

Da ich als Missiologe die Reaktionsproblematik der Ex-Sowjetjuden auf Gottes Wirken in Israel in Deutschland wissen möchte, habe ich noch Leitfadeninterviews mit 18 in Israel lebenden messianischen Juden geführt. Das Datenmaterial von 16 geschriebenen Zeugnissen und von weiteren 18 Leitfadeninterviews[12], die ich in diesem Buch nicht veröffentlicht habe, werde ich am Ende des Buches reflektieren, um den Bekehrungsprozess zu analysieren.

# Mit 70 die erste Begegnung mit Christen

Eines Tages rief mich ein für mich unbekannter Mann aus Köln an und fragte, ob ich Reisen aus Deutschland nach Israel organisiere. Ich bejahte es und riet ihm: „Geben Sie mir Ihre E-Mail-Adresse und ich maile ihnen das Programm für die Reise zu." „Ich habe keine E-Mail-Adresse", erwiderte Anatolij. „Dann kommen Sie am Samstag zum messianischen Gottesdienst nach Köln-Ostheim und ich gebe Ihnen das Angebot", bot ich ihm an. Aus dem Telefonat mit ihm verstand ich, dass Anatolij ein Jude ist.

Am Samstag kam Anatolij zum Gottesdienst, um das Programm für die Reise abzuholen. Nach paar Tagen rief er mich wieder an und teilte mir mit, dass ihm das Angebot zusage und er sich gerne mit seiner Ehefrau anmelden würde. „Dann überweisen Sie das Geld auf die angegebene Bankverbindung und damit sind Sie angemeldet." „Darf ich das Geld einfach vorbei bringen?" fragte Anatolij. „Ja, Sie dürfen, kommen Sie wieder zum messianischen Gottesdienst und bringen Sie das Geld." Später erfuhr ich, dass Anatolij bis dahin noch nie in einem messianischen oder christlichen Gottesdienst gewesen ist. So kam er durch sein Interesse an der Israelreise zweimal in eine messianische Gemeinde bei uns in Köln.

Als wir nach Israel kamen, rief Anatolij seinen Sohn an, der mit seiner Familie in der Nähe von Tel Aviv[13] wohnte, und lud ihn zu unserer Gruppe nach Arad ein. Er sagte zu seinem Sohn: „Ich musste erst 70 werden, bis ich zum ersten Mal Menschen begegnete, die Gott wirklich kennen." Immer, wenn ich in den messianischen Gemeinden Israels predigte, wollte Anatolij dabei sein und nach Möglichkeit auch seinen Sohn dazu einladen.

Eines Tages fuhren wir zu einem Sabbatgottesdienst nach Beerscheba und Anatolij mit seinem Sohn waren auch dabei. Wir hatten einen sehr gesegneten Gottesdienst. Als ich am Ende des Gottesdienstes die Besucher fragte, ob jemand sein Leben Gott anvertrauen und sich zu Jesus bekehren möchte, meldeten sich einige Einheimische aus Beerscheba und auch der Sohn von Anatolij folgte der Einladung. Der Vater war sehr froh darüber, dass sich der Sohn in einer so kurzen Zeit für Jesus öffnete.

Als wir von der Israelreise zurück kamen, war ich gespannt, ob Anatolij wieder zum Gottesdienst kommen würde. Er glaubte schon an Gott, war aber noch nicht bekehrt. Am Sabbat sah ich dann Anatolij im Gottesdienst sitzen. Ich war natürlich sehr froh darüber. Als die Zeit für Zeugnisse im Gottesdienst kam, bat ich Anatolij: „Erzählen Sie bitte, was Sie im Land Ihrer Väter besonders beeindruckt hat." „Nicht das Land hat mich beeindruckt", sagte Anatolij, „sondern die christliche Gruppe, mit der ich zwei Wochen lang unterwegs war. Zwei Wochen in einer großen Gruppe, in der nicht gestritten, sondern liebevoll miteinander umgegangen wurde. Wo jeden Tag ein Wort aus der Bibel gelesen und geistliche Lieder gesungen wurden, das hat mich beeindruckt." Seitdem besucht Anatolij regelmäßig die Gottesdienste in Köln. Es dauerte nicht lange und er bekehrte sich zu Gott. Er verstand, dass Jesus der Messias ist und für die Sünder der ganzen Welt gestorben ist - auch für ihn, Anatolij!

Eines Tages kam Anatolij auf mich zu und sagte: „Gott hat es mir ermöglicht, den ersten Glaubensschritt zu machen, nämlich sein Nachfolger zu werden. Jetzt möchte ich auch den zweiten Schritt machen und getauft werden, und zwar nicht in Deutschland, sondern im Jordan[14]. Ich möchte in Israel getauft werden, nicht weil in Deutschland das Wasser nicht gut genug wäre, nein, nicht deshalb. Ich möchte, dass meine Kinder, die in Israel leben, sehen, welchen Weg ihr Vater und Großvater gewählt hat.

Ich begrüßte seine Entscheidung. Nach einigen Vorbereitungen flogen wir nach Israel, um da Anatolijs Wunsch zu erfüllen. Stehend am Jordan fragte ich ihn noch einmal: „Lieber Anatolij, glaubst du, dass Jesus Christus der Sohn Gottes ist und das er für deine Sünden gestorben ist?" „Ja, ich glaube!" war seine Antwort und nach seinem Glauben wurde er im Jordan getauft.

Über seinen Glaubensweg gab Anatolij Zeugnis wie in Israel in den messianischen Gemeinden so auch in Deutschland. Mutig bezeugte er unter seinen Landsleuten, dass Jesus der Messias ist.

Anatolij ist ein sehr intelligenter Mann. In der Ex-Sowjetunion hat er in seinem Beruf 30 Patente entwickelt. Er wurde mehrmals ausgezeichnet und belohnt für seine Errungenschaften. Doch den Glauben an Gott hält er für einen größeren Schatz, der mit keinen Schätzen dieser Welt zu vergleichen ist.

Eines Tages sagte er zu mir: „Jakob, ich habe so viel in meinem Leben verpasst. Mehr will ich aber nicht verpassen. Ich lese jeden Tag eine volle Stunde in der Bibel, um Gott besser zu verstehen und versuche, die gewonnenen Erkenntnisse weiter zu geben." Es hat nicht lange gedauert, bis Anatolij das letzte Buch der Bibel, nämlich die Offenbarung, las. „Ich kann in der Offenbarung nichts verstehen", sagte er, „aber ich lese." Anatolij hat es deutlich verstanden, dass die Bibel ein Brief Gottes an uns Menschen ist. Beim ersten Durchlesen bekomme man nur den Überblick, meinte er, deshalb lese er weiter. Die Tochter von Anatolij lebt mit ihrer Familie in Moskau. Wenn sein Enkel Nikita zu Besuch nach Deutschland kommt, nimmt Anatolij ihn zum Gottesdienst mit. Anatolij hat es sehr gut verstanden, dass das Leben ohne Gott für ihn einsam und sinnlos war.

Als Anatolij zwei Jahre alt war, wurde sein Vater von der jungen sowjetischen Regierung[15] im Jahre 1938[16] hingerichtet. Auf Grund dessen, dass er einen polnisch klingenden Nachnamen hatte, war es damals ausreichend, ihn als polnischen Spion zu verurteilen. „Obwohl ich damals noch so klein war, kann ich mich noch erinnern, wie mein Vater mich auf den Arm nahm", erzählte er mir. Um das Leben des Sohnes zu retten, gab Anatolijs Mutter ihn an die Verwandten ab, aus Angst, als Ehefrau eines polnischen Spiones auch hingerichtet zu werden, Die bitteren Ereignisse hinterließen tiefe Spuren im Leben von Anatolij. Oft sehnte er sich nach Liebe und Geborgenheit. Als er die Botschaft von Jesus hörte, dass er uns bedingungslos liebt, konnte Anatolij dieser Liebe nicht widerstehen. Jetzt hat er eine Gemeinde, er hat Freunde und noch mehr, er ist ein Kind Gottes.

## Ein versuchter Selbstmord führt zum neuen Leben

Es war ein gewöhnlicher Sabbatgottesdienst im „Haus der Bibel"[17], den ich nie vergessen werde. Ich sah eine Reihe von jungen Menschen in den letzten Reihen des Versammlungsraumes sitzen. Auf Grund ihres Verhaltens und neugierigen Blicken merkte ich, dass einige von ihnen das erste Mal im messianischen Gottesdienst sind. Als Prediger freue ich immer wieder, wenn ich evangelistisch gesonnenen Gemeinden begegne, die Traktate verteilen, Teestuben für Außenstehende ins Leben rufen oder einfach zum Gottesdienst einladen. Für mich als Verkündiger des Evangeliums ist es immer herausfordernd, in solchen Gemeinden mit vielen Ungläubigen zu predigen. Betend sitzt man im Gottesdienst und einem gehen Gedanken durch den Kopf wie: Dieser Gottesdienst kann sehr entscheidend für das zukünftige Leben der neuen Besucher sein. Fühlen sie sich willkommen, kommen sie wieder. Werden die Zeugnisse, Lieder und Predigt sie ansprechen? Wie können wir sie für Jesus gewinnen? Gleichzeitig wissen wir, dass wir Mitarbeiter des Reiches Gottes keinem Besucher neues Leben geben können. Wir sind nur Werkzeuge Gottes. Nur in Gottes Segen ist alles gelegen. Nur Gott kann einem die Augen für das Heil öffnen und neues Leben schenken.

Nach der Anbetungszeit und den Zeugnissen war die Predigt dran. Als Prediger sieht man, wer im Gottesdienst aufmerksam zuhört oder auch nicht. Unter den neuen Besuchern fiel mir ein junger Mann aus der hintersten Reihe auf. Mit großer Aufmerksamkeit verfolgte er die Predigt. Er schaute die ganze Zeit in meine Richtung und machte den Eindruck, dass er alles mitnehmen möchte, was hier gesagt wird. Was mir noch auffiel, war sein dunkelblauer Hals. Um den Hals herum war ein breiter dunkelblauer Streifen von Prellungen. Dieser Mann musste etwas Schreckliches erlebt haben, dachte ich.

Nach der Predigt lud ich die Zuhörer ein, das Leben Jesus anzuvertrauen, indem man vor ihm Buße tut und ihn, Jesus Christus, als Herrn für das weitere Leben einlädt. Einige von den neuen Besuchern folgten der Einladung, auch der junge Mann mit dem blauen Hals war dabei. Im Einzelgespräch erzählte er mir folgende Geschichte seines Lebens.

Sergej war Musiker. Er liebte es, mit seiner Gitarre in verschiedenen Bars Israels zu spielen und zu singen. Doch nach einer Zeit erfüllte dies sein Leben nicht mehr. Zunächst griff er nur gelegentlich zu Drogen. Es dauerte aber nicht lange, bis er abhängig wurde. Dadurch verlor Sergej seine Arbeit. Drogen, Klauen, Obdachlosigkeit und Probleme mit der Polizei gehörten zur Tagesordnung. Es kam so weit, dass er keinen Sinn für sein weiteres Leben sah. Sein Leben und die Gesundheit waren total zerstört. Sergej beschloss, sein sinnloses Leben selber zu beenden.

Eines Tages war es soweit. Sergej legte eine Schlinge um seinen Hals und sprang vom Baum. Doch Gott wollte nicht, dass Sergej für immer verloren gehe. Kurz nach dem Selbstmordversuch bemerkten vorbeilaufende Menschen eine Person am Baum hängen. Blitzschnell befreiten sie ihn von der Schlinge und brachten ihn ins Krankenhaus. Nach der Untersuchung sagte der Arzt: „Auf Grund des Untergewichtes des Patienten und der schnellen Befreiung aus der Schlinge sind weder Knochen, Sehnen noch Adern beschädigt. Es ist ein Wunder, dass nichts Schlimmeres passiert ist. Es sind nur dunkelblaue Prellungen rund um den Hals, die mit der Zeit vergehen. Sergej kann entlassen werden."

Nach der Entlassung aus dem Krankenhaus geschah ein zweites Wunder. Ein an Jesus gläubiger Jude war unterwegs in den Gottesdienst und sah Sergej, der nicht wusste, wohin er jetzt gehen soll. Er lud Sergej zum Gottesdienst ein und dieser folgte ihm. So kam er zum ersten Mal in seinem Leben zum Gottesdienst.

Und das dritte und größte Wunder: Im Gespräch mit ihm sagte ich, das sei eine sehr große Gnade, dass er den Selbstmordversuch überlebt habe. Er hätte für immer von Gott getrennt sein können, aber Gott habe es nicht zugelassen. Ich erklärte ihm, dass Jesus für ihn gestorben sei und ihn einlade. Sergej öffnete sich für Jesus. Er verstand, dass er ein Sünder sei und die Sünden sein Leben so stark ruiniert haben. Er bat Jesus um Vergebung und nahm ihn als Herrn in sein Leben auf.

Wenn ich so etwas in Israel erlebe, plagen mich öfters Sorgen für die Neubekehrten. Wie geht es mit ihnen weiter? Sie haben keine gläubigen Eltern oder Verwandte, die für sie geistlich sorgen. Auch keine gläubigen Freunde, die ihnen die Hand reichen und sagen könnten: Ich helfe dir, ich bin für dich da. Zu der Zeit, als Sergej sich bekehrte, waren auch kaum Jugendliche in der Gemeinde, mit denen er hätte kommunizieren können. Um eine neue Arbeit zu bekommen, ist es nicht selten, dass man öfters seinen Wohnsitz wechselt. Es gibt leider viele, die eine Erfahrung mit Gott gemacht haben und denen ich nie wieder begegnet bin. Wo ist die Garantie, dass Sergej wirklich von Herzen Jesus aufgenommen hat und nicht von heftigen Emotionen nach so einem ungewöhnlichen Schock geleitet wurde?

Für mehrere Jahre verlor ich auch Sergej aus dem Blickwinkel, doch dann traf ich ihn unerwartet. 2009 luden wir Jakob Görzen aus Köln zu einem Predigerseminar nach Israel ein. Wir wollten den jungen Predigern Hilfe anbieten, wie man eine Predigt aufbaue. Als die Teilnehmer des Seminars vor uns saßen, sah ich Sergej unter den Teilnehmern sitzen. Meine Freude war riesengroß, erstens weil er noch geistlich lebe und dazu noch wissen möchte, wie man eine Predigt vorbereite. Halleluja!

Natürlich erkannte auch er mich und brachte ebenfalls seine Freude zum Ausdruck. Jakob Görzen und ich waren einen halben Tag unterwegs und nach unserer Rückkehr fiel mir meine Bibel auf. Sergej hatte die Zeit genutzt und in meiner Bibel für jedes Buch einen Aufkleber dran gemacht, damit ich schneller die gesuchten Stellen finde. Außerdem hatte er viele Bibelstellen mit Jesus-Aussagen rot unterstrichen, um eventuell zu zeigen, welche Stellen für ihn wichtig geworden sind.

Durch diese Tat wollte er mir was Gutes tun. Als ich abends in mein Zimmer kam, fiel mir noch was auf. Sergej hatte meine ganze Wäsche samt Schuhen in der Waschmaschine gewaschen, alles gefaltet und sorgfältig in den Koffer gepackt. Natürlich war es für mich erst etwas unangenehm und peinlich, dass jemand für die Sauberkeit und Ordnung meiner

Wäsche sorgt. Doch in Anbetracht dessen, was Sergej alles erlebt hatte, fand ich seine Tat sehr freundlich. Er wollte mir etwas Gutes tun und ich nahm es dankbar an.

Zuvor war Sergej ein Mensch, der keine Freude im Leben hatte, sehr unter Drogensucht gelitten und Arbeit, Freunde und Gesundheit verloren hatte. Er sah keine Hoffnung mehr für die Zukunft und unternahm einen Selbstmordversuch. Dann begegnete er Jesus. An Sergej erfühlt sich die Einladung Jesu: „Kommet her zu mir alle, die ihr mühselig und beladen seid, ich will euch erquicken." (Matt. 11,28) Was kein Mensch machen kann, macht Jesus. Dazu ist er auch gekommen, denn „Der Menschensohn ist gekommen, zu suchen und selig zu machen, was verloren ist." (Luk. 19,10) Seit 2009 bin ich Sergej nie wieder begegnet. Ich würde mich freuen, ihm irgendwo in Israel wieder zu begegnen.

An dieser wahren Geschichte habe ich einmal mehr gelernt, wie zerstörend die Sünde ist und welche Macht Jesus hat, menschlich gesehen kaputte Persönlichkeiten aufzunehmen, ihnen die Sünden zu vergeben und aus ihnen eine neue Kreatur zu machen. Sergej ist ein lebendes Beispiel dafür. Preis dem Herrn! Und noch etwas. Es lohnt sich, christliche Traktate zu verteilen und Menschen zum Gottesdienst einzuladen. Gott kann dadurch Menschen retten.

# Vom Schläger zum Prediger

Rubin ist in einer Familie von Berufssportlern in der Ukraine geboren. Schon als Kind hatte er das Privileg, mit den Eltern auf verschiedenen Wettkämpfen dabei zu sein, das Training zu beobachten und auch selber in einigen Disziplinen seine sportlichen Begabungen zu entdecken. Bereits vor der Einschulung ermutigten seine Eltern ihn täglich zu joggen und am Schwimmunterricht teil zu nehmen. Obwohl er im Schwimmen hätte große Leistungen hervorbringen können, so gewann bei ihm doch die Begeisterung für Ringkämpfen an Priorität. Das fleißige Üben und die andauernden Sporterfolge verschafften ihm ein hohes Ansehen bei den Mitmenschen in seiner Stadt. Die erfolgreiche Laufbahn brachte ihm den Titel des Landesmeisters (Ukraine-Champion) unter Jugendsportlern ein. Seine Teilnahme an Europajugendwettkämpfen führte zu einem Riesenergebnis: Rubin wurde Zweiter. Er war froh, unabhängig und sorgenfrei auf der Sonnenseite des Lebens zu stehen und schon in jugendlichen Jahren große Anerkennung und volle Erfolge zu genießen.

### Negative Wende

Rubins Kraft und sportliche Fähigkeit, starke Männer im Ring zu besiegen, wurden auch unter Kriminellen bekannt. So jemanden wollte man unbedingt für gewalttätige Ziele in der Bande haben. Man machte plötzlich auf Freundschaft. Die glänzende Sportbahn schien dem Boxer bald nicht mehr attraktiv genug und der Alkohol und Drogenrausch seiner kriminellen Freunde wurden interessant. Dutzende ziellose und schändliche Aktivitäten folgten. Mit der Zeit ließ die Widerstandskraft gegenüber den falschen Freunden leider nach und er wurde zu einem Kriminellen mit zunehmenden Suchtproblemen.

Eines Tages erhielt Rubin als bekannter Kämpfer von seinen Komplizen den Auftrag, einige aufständische Männer durch brutale Schläge zu verprügeln, damit endlich klar werde, wer auf dem Revier das Sagen habe. Zielstrebig setzte er sich ins Auto. Die Schlägerei war kurz, aber siegreich.

Was Rubin noch nicht wusste: Es sollte seine letzte Schlägerei werden, die dramatische Spuren auf sein weiteres Leben hinterlassen würde. Es sollte nicht nur bei einer Prügelei bleiben. Nach der Schlägerei saßen die geschlagenen Männer deutlich geschwächt am Rande des Waldes, um sich von den Schmerzen und Schlägen zu erholen und zu Kräften zu kommen. Dann geschah es.

Unglücklicherweise kamen zu dieser Zeit die anderen Feinde entgegen. Als sie die Verletzten entdeckten, sahen sie eine gute Gelegenheit, ihre Wut und den Hass auch den Geschwächten zukommen zu lassen. Die Rache war so groß, dass es einen Mann tödlich traf.

Für die Kriminalpolizei war die Sache klar. Augenzeugen berichteten, sie hätten einen jungen Mann am Tatort gesehen und so wurde Rubin des Mordes angeklagt. Dass nach der Prügelei, an der Rubin beteiligt war, noch eine weitere stattgefunden hatte, wusste weder Rubin noch die Untersuchungskommission. So kam er als Totschläger mit 18 Jahren hinter Gittern und wartete auf sein Gericht. Schwere Gewissensbisse und entmutigende Gedanken verfolgten ihn ständig und im Hinblick auf die hoffnungslose Zukunft im Knast sank sein Herz.

**Rubins Familie**

Während Rubin seine sportliche Karriere aufgab und sich kriminellen Machenschaften hingab, fanden auch in seinem Elternhaus negative Veränderungen statt. Seine Eltern ließen sich scheiden, fanden andere Lebenspartner und lebten weit weg voneinander. Dies war natürlich noch eine zusätzliche Belastung für den schon leidenden Rubin.

Rubins Leidensweg ließ Rahel, seine Mutter, nicht unbeteiligt und ruhig weiter leben. Sie setzte ihre Kraft ein, um ihrem einzigen Sohn zu helfen. Als Mutter wusste sie, wozu ihr Sohn fähig war - zu vielem, aber gewiss nicht zum Töten. Wie die Mutter Moses ließ sie sich Wege einfallen, um ihren Sohn zu retten. Zunächst suchte Rahel Hilfe, fälschlicherweise bei den Wahrsagern und weiteren okkulten Mächten. Mit derer Hilfe, so glaubte sie, würde es möglich sein, Rubins dunkle Zukunft zu verändern. Doch das viele Geld und die Zeit bei den Wahrsagern waren umsonst - es änderte sich nichts an

Rubins misslicher Lage. Verzweifelt suchte Rubins Mutter bei verschiedenen Institutionen nach Hilfe, die die Unschuld Rubins am Mord beweisen sollten, doch blieb leider alles beim Alten. Ihr Sohn saß hinter Gittern.

Eines Tages, auf der Suche nach Befreiung ihres Sohnes aus der dunklen Gefängniszelle, begegnete Rahel Christen. Auch ihnen teilte sie ihre drückende Last mit. Die Christen bezeugten ihr, dass es einen lebendigen Gott gibt, der über alles herrscht und auch alles verändern kann. Nach dieser sonderbaren Begebenheit suchte Rubins Mutter einen Pastor auf, um von ihm weitere Hilfe zu bekommen.

**Rahel findet Gott**

Als Rahel sich dem Pastor vorstellte und ihm ihre Not mitteilte, erklärte er ihr, wie wichtig es für sie selbst sei, an Gott zu glauben und mit ihm durchs Leben zu gehen. Dadurch würde sie den Willen Gottes erkennen und die Kraft des Gebets kennenlernen. Sie könnte so für Rubin bei Gott um Gnade bitten. Auch die Folgen einer negativen Entscheidung Gott gegenüber erklärte ihr der Pastor am Beispiel des Volkes Israel. Er zitierte folgende Worte: „Du vergisst das Gesetz deines Gottes; darum will auch ich deine Kinder vergessen." (Hos. 4,6) Diese Worten trafen Rahel mitten ins Herz. Als Jüdin ging ihr das Beispiel des Volkes Israel besonders nahe. Sie konnte auf einmal die Zusammenhänge zwischen ihrem und dem Leben ihres Sohnes sehen. Ihr wurde auch klar, dass sie mit ihrem Sohn nie über Gott geredet hatte, weder mit ihm noch für ihn gebetet hatte. Es schien so deutlich zu sein. Die gegenwärtige Lage des Sohnes war einfach die Frucht ihres gottlosen Lebens. Rahel verstand, dass sie als Mensch und als Mutter versagt hatte, dass sie Gott brauchte, dass sie die Vergebung der Sünden durch Jesus Christus unbedingt bedurfte. Sie betete zu Gott und übergab ihm ihr Leben.

### Das Unmögliche wurde möglich

Als Kind Gottes begann Rahel für ihren Sohn zu beten. Bei den kurzen Besuchen erzählte sie ihm, dass sie nun an den Schöpfer der Welt glaubte. Sie ermutigte ihn, die Bibel zu lesen und das Beten zu probieren. Sie betete auch für die Richter und für das bevorstehende Gericht, welches Rubin erwartete. Und was geschah dann?

In seiner Freizeit ging eines Tages der Richter, der Rubins Akte kannte und ihn richten sollte, durch einen belebten Park spazieren. Die Sonne schien und der starke Zulauf an Menschen bot ihm die Möglichkeit, an vielen kleinen und größeren Gruppen dicht vorbei zu gehen. Während er so schlenderte und an einer Gruppe vorbei ging, hörte er jemand stolz den Anderen erzählen: „Wir haben im Wald einen kalt gemacht, aber ein Anderer sitzt an unserer Stelle." Während Rubin immer wieder im Gefängnis über die begangene Tat nachdachte, die ein menschliches Leben kostete, erfuhr er von der Justiz, dass noch Andere an der Schlägerei beteiligt waren. Es wurde auch nachgewiesen, dass nicht seine Schläge den Tod herbeigeführt hatten, sondern die eines Anderen. Die gute Nachricht brachte eine enorme Erleichterung für Rubin.

Rubin musste eine Entscheidung treffen, welchen Weg er nach seiner unerwarteten Freilassung einschlagen sollte. Auf der einen Seite gab es die alten Freunde und damit auch die Kriminalität. Auf der anderen Seite hörte er die freundliche Einladung seiner Mutter, ein bewusstes Leben mit Gott zu führen. Eines Tages entschloss Rubin sich, mit in den Gottesdienst zu gehen. Alles, was er da sah und hörte, war für ihn neu. Sehr neu. Ein liebender Gott? Kind Gottes werden? Die Worte des Predigers sprachen Rubin direkt an. Nach dem Gottesdienst kam die Mutter auf ihn zu und fragte ihn, ob er Gott sein Leben anvertrauen möchte. „Es ist doch eine gute Nachricht", sagte seine Mutter, „dass Gott dir ein neues Leben schenken kann." „Nächstes Mal", war seine Antwort. „So wie du lebst, mein Sohn, kann es ein nächstes Mal nicht geben."

Diese Aussage stimmte. Rubin überwand sich und war bereit, an diesem Tag Gott als persönlichen Retter anzunehmen. Er betete mit dem Pastor und wurde ein neuer Mensch! Rubin sagte eines Tages zu mir: „Ich habe nie gedacht, dass ein Mensch ohne Gott so tief fallen kann, und das habe ich erlebt. Ich wusste auch nicht, dass Gott aus einem Verbrecher einen neuen Menschen machen kann. Ich, Rubin, bin eine neue Kreatur."

Als Rubin aus dem Gefängnis entlassen wurde und ein neues Leben begann, traf er seinen ehemaligen Trainer, der ihm vorschlug, mit dem Sport wieder anzufangen. Um sich von den alten Freunden und dem schlechten Umfeld zu distanzieren, beschloss Rubin aber, auf Grund seiner jüdischen Wurzeln in Israel neu anzufangen. Seine Mutter Rahel und er immigrierten nach Israel, dem Land seiner Vorfahren.

In der neuen Heimat begann Rubin, seine Fähigkeiten im sportlichen Bereich wieder zu fördern und an den Wettkämpfen teilzunehmen. Doch nach einem Sportkampf verletzte er sich so sehr, dass er mit dem Berufssport aufhören musste. Nach diesen Ereignissen begann er eine Ausbildung als Koch. Er sah in diesem Beruf die Möglichkeit, den Menschen zu dienen und ihnen das Evangelium zu erzählen. Gott ermöglichte seinen Wunsch. Rubin begann, intensiv in einer messianischen Gemeinde mitzuarbeiten. Zunächst im praktischen Bereich, doch allmählich traute er sich immer mehr, Menschen auf den Straßen anzusprechen, um ihnen christliche Literatur weiter zu geben. Was er auch bis auf den heutigen Tag tut. Inzwischen predigt er auch und leitet einen messianischen Hauskreis.

## Eine zweite Hochzeit

Etwa nach zwei Jahren besuchte Rubins Vater Michael seinen Sohn und seine Tochter, die inzwischen auch in Israel lebte. Nachdem er einige Tage mit seinem Sohn verbracht hatte, konnte er nur staunen über ihn. Während er mit einer anderen Frau entfernt von Rubin lebte, war der Kontakt zu seinem Sohn nur gelegentlich. Er kannte das kriminelle Leben seines Sohnes, wusste natürlich auch, dass Rubin im Gefängnis war. Doch jetzt erkannte er seinen Sohn einfach nicht wieder. „Du führst ja ein ganz anderes Leben, mein Sohn, was ist nur passiert? Wer hat dich so verändert, wie kommt es, dass du so anders bist?" Die Fragen überstürzten sich nur so. Rubin gab seinem Vater die Bibel und sagte ihm, er möge sie lesen, denn dies wäre das Gotteswort und nur hier könnte man auf Fragen Antworten finden. Es dauerte nicht lange. Rubins Leben und das Lesen in der Schrift blieben nicht ohne Frucht. Michael bekehrte sich zu Gott. Es war eine riesige Freude für alle Beteiligten. Der Vater, den er so lange nicht gesehen hatte, kommt zu Besuch und wird gläubig. Jetzt konnte Rubin seinen brennenden Wunsch nicht mehr geheim halten. Er sagte zum Vater: „Ich weiß, wo Mama wohnt. Sie ist in einer messianischen Gemeinde tätig. Seitdem sie Christ geworden ist, hat sie ihren Freund verlassen. Sie lebt jetzt allein. Du, mein Vater, bist jetzt auch Christ geworden. Geh doch zu Mama, kauf ihr Blumen und mach ihr bitte einen neuen Heiratsantrag. Es wäre doch so herrlich, wenn wir wieder alle zusammen sein könnten.

Rubins Wünsche erfüllten sich. Seine Eltern heirateten noch einmal. Jeden Sabbat sieht man sie zusammen zum Gottesdienst gehen. Sie haben auch einen Hauskreis und mehrere Israelis sind durch sie zum Glauben an Jesus Christus gekommen.

Diese wahre Geschichte eines jungen jüdischen Mannes zeigt, dass selbst die erfolgreichste Karriere einen Menschen nicht befriedigen kann. Die Sportkarriere hat die Bedürfnisse von Rubin nicht vollkommen stillen können, er konnte keinen inneren Frieden finden. Die Wahl für ein Leben voller Kriminalität führte ihn in eine finstere Sackgasse. Gott sei Dank, dass Christen seiner Mutter begegneten und ihr ein wahres Zeugnis über den liebenden Gott weiter geben konnten. Das ist Gottes Gnade, das ist Gottes Liebe! Er ruft jeden einzelnen Menschen zu sich, er ruft dich, weil er dich liebt!

Die noch vor kurzem verzweifelte Mutter betete nach ihrer Bekehrung zu Gott um Gnade für ihren Sohn. Durch die Begegnung mit Gott kam die Wende in das verkorkste Leben ihrer Familie. Rubin durfte sehen, wie Gott seine lieben Eltern wieder zusammen führte: Die Eltern heirateten erneut.

Gottes Macht verändert das Leben und auch die Umstände der Menschen radikal, wenn sie ihm vertrauen. Gott veränderte in dieser Biographie einen brutalen Schläger zu einem Beter und Evangelisten, dem die Menschen nah am Herzen liegen.

## Die Suche eines Soldaten nach dem Sinn im Leben

Die Gemeinde in Haifa[18] hatte gerade keinen ordinierten Pastor. Der Pastor, der die Gemeinde gegründet und viele Jahre geleitet hatte, musste aus familiären Gründen nach Kanada umziehen. Für die Überbrückungszeit, bis ein neuer Pastor kommen würde, wurde ich gebeten, einige Dienste, unter anderem Taufen in der Gemeinde durchzuführen. Die meisten Gemeinden aus dem Norden Israels taufen ihre Täuflinge im Jordan. Auch diesmal war das der Fall, als ich einige Christen aus Haifa taufen durfte. Während der Taufe fiel mir ein israelischer Soldat auf. Aufmerksam beobachtete er den Taufgottesdienst am Jordanufer. Nach der Taufe fuhren wir nach Haifa, um den Gottesdienst fortzusetzen. Während wir die Täuflinge segneten, sah ich wieder den gleichen Soldaten. Genauso wie am Jordan, verfolgte er aufmerksam den ganzen Gottesdienst, der mindestens zwei Stunden dauerte.

Nach dem Gottesdienst wurden alle zu einer gemeinsamen Mahlzeit eingeladen. Es war eine Gemeinde der ersten Generation. Die meisten waren noch nicht lange an Jesus gläubig und hatten bis dahin nie einen christlichen Gottesdienst außerhalb von Israel erlebt. Sie hatten auch keine christlichen Verwandten. Sie hatten viele Fragen an mich wie: Wie gestalten die Christen ihre Gottesdienste, wie feiern sie biblische Feiertage, Hochzeiten, Geburtstage usw. Während dieser Zeit der Fragen und

Antworten sah ich den jungen Mann eintreten. Die Gläubigen aus der Gemeinde hießen ihn herzlich willkommen und boten ihm einen Platz an. Der Soldat setzte sich und verfolgte aufmerksam unsere Unterhaltung, ohne irgendeine Frage zu stellen. Dies war inzwischen der dritte Ort an einem Tag, wo er uns nachging.

Als wir abends in die Familie ankamen, wo ich für einige Tage stationiert war, schickte ich mich an, ins Bett zu gehen, denn es war ein langer Tag mit vielen Eindrücken. Die Familie dachte aber anders. „Jakob", sagte die Hausherrin, „wenn du magst, kannst du dich durch eine kalte Dusche erfrischen und dann schauen wir uns das Video des heutigen Tages an. Ich folgte der Einladung und wir sahen uns noch einmal an, was wir am Tage live erlebt hatten. Mit tiefer Dankbarkeit Gott gegenüber beendeten wir den gesegneten Tag.

Endlich kam die Zeit, ins Bett zu gehen. Als ich in mein Zimmer ging, hörte ich jemanden an der Tür klopfen. Die Hausherrin öffnete und, was meint ihr, vor ihr stand der Soldat und fragte, ob er mit mir sprechen könne. Die Hausherrin fragte mich, ob ich noch Kraft für ein Gespräch habe. Ich bejahte und der junge Mann trat ein. Er stellte sich vor und erzählte mir den Grund, warum er nachts gekommen sei und worüber er mit mir sprechen wolle. Er erzählte Folgendes: „Mit 10 Jahren bin ich mit meinen Eltern und Geschwistern aus der Ex-Sowjetunion nach Israel gekommen. Ich komme aus einer jüdischen Familie, die mit dem Christentum nichts zu tun hat. Seitdem wir in Israel leben, feiern wir alle jüdischen Feiertage, besuchen die Synagoge und zählen uns zu den frommen Juden. Ich habe auch die jüdische religiöse Schule besucht und war fest der Überzeugung, dass ich auf dem richtigen Weg bin. Jetzt bin ich ein Israelischer Soldat und ungeplant komme ich immer wieder in Berührung mit Menschen, die an Jesus glauben. Mir fällt auf, dass sie den Tanach[19] kennen, eigentlich all das, was ich in der jüdischen religiösen Schule gelernt habe. Die Christen beten keine auswendig gelernte Gebete, sondern sprechen mit Gott wie die Personen aus der Bibel - Abraham, Jakob, Moses und andere. Das alles sind wunderbare Erfahrungen, die ich erlebe. Wir glauben an den gleichen Gott, wir haben das gleiche Buch und ihr habt noch das Neue Testament. Was aber mich stutzig macht, sind die Erinnerungen aus der jüdischen religiösen Schule. Wenn die Bibel ein unfehlbares Buch ist, warum haben dann die Lehrer das 53.[20] Kapitel des Jesaja-Buches immer übersprungen? Wenn Jesus eine Legende ist, warum hat man dann so sehr Angst, die prophetischen Stellen über ihn zu studieren? Sogar die Benutzung des Plus-Zeichens im Mathematikunterricht sollte verändert werden. Für die hebräische Schrift wird eine abweichende Form des Pluszeichens konzipiert, dem der untere Teil des senkrechten Balkens fehlt, sodass seine Form nicht an ein (christliches) Kreuz erinnert. So sieht das hebräische Plus aus: ⊥. Und weil das Kreuz das Plus-Zeichen der Welt geworden ist, möchte man das im Lande Israel nicht verwenden. Warum?"

Nach seinen Äußerungen ging mir der hinter uns liegende Tag durch den Sinn. Jetzt wurde mir klar, warum dieser nach Wahrheit suchende Soldat uns den ganzen Tag verfolgte. In der Nacht überwand er sich, um seine brennenden Fragen auf den Tisch zu legen. Ich musste an Nikodemus denken, der auch brennende Fragen hatte und nachts zu Jesus kam. Meine Müdigkeit verschwand augenblicklich. Ich war tief innerlich bewegt, dass es Menschen gibt, die wegen Heilsfragen nicht mehr schlafen können. Ich war froh, bis weit nach Mitternacht dem Soldaten den Weg zu Jesus zu erklären.

Einige Jahre nach dieser bewegenden Geschichte war ich wieder in Israel. Ich stand in einer Großstadt an der Haltestelle. Plötzlich blieb ein Auto stehen. Der Fahrer fragte mich, ob er mich mitnehmen könne. Mir war es sehr gelegen, dass jemand mich zum messianischen Jugendtreff bringe. Als ich ins Auto stieg, schaute der Fahrer mich freundlich an und fragte: „Kennen Sie mich?" Ich war zunächst überfordert. Er ließ mich nicht lange raten und sagte zu mir: „Ich bin der Soldat, der nachts zu Ihnen zum Gespräch kam." In dem Augenblick erkannte ich ihn auch. Es war für mich eine freudige Überraschung. Weiter erzählte er mir, dass er inzwischen getauft wurde und aktiv sein Leben als messianischer Jude gestalte.

Ich war natürlich sehr froh, dass ich meinem „Nikodemus" wieder begegnet war. Nicht weniger froh war ich darüber, dass Gott es wollte, dass ich dem Soldat begegne. Es war für mich wie ein freundlicher Gruß von Gott, der lautete: Jakob, es lohnt sich, sich Zeit zu nehmen, um mit Menschen über mich zu sprechen. Du hast gesehen, was ich daraus machen kann. Preist den Herrn!!!

## Auf der Suche nach Geld Jesus gefunden

Eine der vielen Möglichkeiten, in Israel die Menschen mit der Guten Nachricht zu erreichen, sind die Einsätze am Strand des Toten Meeres. Am Wochenende ist der Strand immer überfüllt mit Menschen aus dem ganzen Land. Tausende von Bibeln und christlichen Traktaten haben wir da verteil. Auf jedem Traktat haben wir Kontaktdaten hinterlassen, so dass die, die mehr über den Glauben wissen möchten, einen einheimischen messianischen Christen anrufen können, um weitere Informationen zu bekommen. Eines Tages rief eine Frau namens Olga aus Mitzperamon[21] an, die mehr über den Glauben wissen wollte. Olga hatte noch eine Freundin Hannah. Die beiden waren bereit, einen Abend in der Woche ihre Wohnung für einen Hauskreis zur Verfügung zu stellen. Gerne wurde das Angebot der Frauen entgegen genommen.

## Ein Betrunkener kommt zum Gottesdienst

Eines Tages beim Predigen in Mizperomon fiel mir ein vom Alkohol berauschter Mann auf, der den Gottesdienst verfolgte. Obwohl er betrunken war, hörte er aufmerksam zu. Es waren etwa 12 Gottesdienstbesucher da und deshalb fiel es mir nicht schwer, keinen aus dem Blickwinkel zu verlieren. Ich predigte aus Maleachi[22] über „den Lohn der Gottesfurcht". Nach dem Gottesdienst kam Shimon auf mich zu und sagte, dass ich ihn sehr blamiert habe. „Wie das denn?" fragte ich verwundert. „Du bist kein Jude, aber aus der Predigt habe ich herausgehört, dass du unsere jüdische Geschichte viel besser kennst als ich." Er wurde eifersüchtig auf mich, weil ich von der jüdischen Geschichte so viel profitierte. An seiner Reaktion sah ich die Erfüllung von Paulus' Worten in Römer 11,11, wo geschrieben steht: „Ich sage nun: Sind sie etwa gestrauchelt, damit sie fallen sollten? Auf keinen Fall! Sondern durch ihren Fall ist den Nationen das Heil geworden, um sie zur Eifersucht zu reizen. Nie wieder habe ich es so krass erlebt, dass ein Jude so eifersüchtig über das Erbe Israels war. Doch sein Eifer wirkte im Nachhinein sehr positiv auf ihn. Es dauerte nicht lange, bis er sich für Jesus öffnete. Seitdem besucht Shimon regelmäßig die Gottesdienste. Da er dazu noch musikalisch begabt ist, nimmt er auch im Programm des Gottesdienstes teil.

Nach einigen Monaten war ich wieder in derselben Stadt im Gottesdienst und erlebte wieder eine Überraschung. Nach dem Gottesdienst feierte die kleine Gemeinde Hochzeit. So eine kleine Hochzeit erlebte ich zum ersten Mal. Es waren 12 Personen da. Der Bräutigam war Shimon und die Braut Olga. Später erfuhr ich, dass Olga diejenige war, die ihn das erste Mal zum Gottesdienst eingeladen hatte. Sie sah sein Leiden. Weil die Stadt klein ist, kannte man sich. Olga kannte seine Schiffbrüche wie Schlägereien, Diebstahl, Knast, seine vielen Schulden und vieles mehr. Sie wollte ihm einfach helfen, aber daraus war mehr geworden. Shimon ging zum Gottesdienst hin, um zwanzig Schekel zu leihen. Das war alles. Gott erbarmte sich aber über ihn und öffnete ihm die Augen für das Heil. Aus einem verlorenen Shimon wurde ein neuer Mensch.

Das frisch verheiratete Ehepaar fuhr auf Hochzeitsreise. Sie hatten vor, einige Tage am Toten Meer zu zelten. Als sie sich gemütlich eingerichtet hatten, kam eine Gruppe von Touristen zur gleichen Stelle und warfen ihre Sachen einfach auf den Tisch, den Shimon und Olga für sich reserviert hatten. Shimon stand auf und sagte: „Nach meinem hitzigen kaukasischen Charakter würde ich alle eure Sachen ins Meer werfen, aber ich mache es nicht. Ich glaube an Jesus. Und im Namen Jesu segne ich euch alle." Zur gleichen Zeit war unsere große Gruppe von russlanddeutschen Touristen vor Ort. Als sie den kräftigen Mann sahen, der im Namen Jesu seine ungeladenen Gäste segnete, luden meine liebe Frau Katharina und einige Geschwister Shimon und Olga zu sich ein. „Kommt näher zu uns, wir sind auch

Christen", sagten sie, „erzähl uns bitte über deine Erfahrungen mit Jesus." So eine große Gruppe von Gläubigen hatte Shimon bis dahin noch nie gesehen. Er fasste Mut und erzählte den deutschen Zuhörern sein Zeugnis, wie Jesus ihn aus den tiefen Bindungen befreit und sein Leben verändert hatte.

Glücklicherweise war ich nach diesen Ereignissen wieder in Mizperamon im Gottesdienst. Als die Zeit für Zeugnisse kam, stand Shimon auf. Tränen standen in seinen Augen. „Es gibt Menschen", sagte er, „die uns Juden lieben" und erzählte sein Erlebnis am Toten Meer. Sein Zeugnis hat auch mich sehr berührt, weil Gott mir die Möglichkeit gab, den geistlichen Werdegang von Shimon zu verfolgen, war ich besonders froh über seine neuen Erlebnisse mit Gott. Ich war auch dankbar für unsere russlanddeutschen Geschwister, die Shimon und Olga aufgenommen und ihnen so viel Wertschätzung ausgesprochen hatten.

Seit Shimons Bekehrung sind etwa 18 Jahre vergangen. Er ist schuldenfrei und auch frei von Bindungen, die sein Leben so sehr ruiniert hatten. Olga und er sind glücklich verheiratet und beide dienen mit großer Hingabe dem Herrn. Seine Eifersucht um das jüdische Erbe ist von Gott belohnt worden. Inzwischen kennt Shimon vieles auswendig aus der Bibel. Zweimal war das Ehepaar bei uns in Deutschland. Sie wollten so gerne die Gottesdienste in Deutschland erleben und einige Bekannten besuchen, die

sie so freundlich am Toten Meer beherbergt hatten.
Gott hat es ihnen ermöglicht.

## Leiter eines Gefängnisses und dessen Ehefrau finden Jesus

Es war ein gewöhnlicher Tag mit einer Gruppe von deutschen Touristen am Toten Meer. Weil wir im Meer in Russisch, Hebräisch oder Deutsch sangen, erfuhren die einheimischen und ausländischen Gäste am Strand, wer wir seien und dass wir an Jesus glauben. Eine kleine Gruppe von Männern lagerte in unserer Nähe und wir kamen ins Gespräch. Fast immer kommen bei solchen Gelegenheiten zunächst banale Fragen wie zum Beispiel: Wie lange lebt ihr schon in Deutschland? Geht es euch da gut, aus welcher Gegend der Ex-Sowjetunion seid ihr ausgereist und so weiter. Meine Vorgehensweise, bei solchen Gesprächen auf das Geistliche zu kommen, ist fast immer die gleiche. Weil wir Christen mit den Juden das gleiche Alte Testament haben, sehe ich darin eine wunderbare Brücke, über Gott den Schöpfer zu sprechen und über die Prophezeiungen, die die Entstehung des Staates Israel vorhergesagt haben[23].

So kam ich mit meinen Zuhörern zunächst ins Gespräch über Verheißungen. Bei solchen Gesprächen findet man beim durchschnittlichen israelischen Zuhörer viel Zustimmung. Im Anschluss bezeuge ich meinen Glauben an Jesus Christus, der auch durch die Verheißungen des Alten Testaments vorausgesagt wurde.[24] Meine Zuhörer sind ganz Ohr. Ich zeichne im Sand eine Zeichnung, die ich vom Evangelisten Wilhelm Pahls[25] übernommen habe. Anhand der Skizze versuche ich den Rettungsplan Gottes darzustellen. Auch diesmal kamen diesbezüglich einige Fragen, die wir besprachen. Nach der Unterhaltung ging ich zu meiner Gruppe und die Zuhörer gingen jeder zu seinem Zelt.

Als wir uns aufmachten, den Strand zu verlassen, kam einer der Zuhörer auf mich zu. „Ich weiß, dass ihr jetzt nach Arad fahrt[26]. Ich wohne auch in Arad und lade dich und deine Ehefrau zum Abendbrot ein. Kommt ihr?" Wir nahmen die Einladung freundlich an und verabschiedeten uns.

Gegen Abend folgten Katharina und ich der Einladung. Unsere Gastgeber hießen Ilja und Valentina. Nach der gemütlichen Unterhaltung und dem Abendbrot lud Ilja uns ins Wohnzimmer ein. Er legte auf den Couchtisch ein Blatt Papier und einen Bleistift und bat mich, noch einmal den Rettungsplan Gottes zu zeichnen. Auf dem Papier war es für mich natürlich viel leichter und deutlicher, den Plan zu zeichnen und zu erklären. Das Ehepaar schaute uns an und sagte fast gleichzeitig: „Wir haben alles verstanden. Auch dass wir wie alle Menschen Sünder sind und Jesus für unsere Sünden gestorben ist." Wir knieten uns nieder und die beiden taten Buße und baten Jesus, Herr über ihr Leben zu werden. Danach erzählte Ilja uns, dass er Chef eines Gefängnisses in der Ukraine gewesen sei. Dort habe er auch an Jesus Gläubige angetroffen, die zum ersten Mal in seinem Leben für ihn Zeugen von Jesus waren.

Nach solchen Erlebnissen kann man nur Gott danken und über seine Wege staunen. Die gläubigen Gefangenen haben durch ihr Leben und ihre Worte so einen positiven Eindruck im Leben von Ilja hinterlassen. Dadurch erfüllt sich das Wort aus Jesaja 55,11: „So soll das Wort, das aus meinem Munde geht, auch sein: Es wird nicht wieder leer zu mir zurückkommen, sondern wird tun, was mir gefällt, und ihm wird gelingen, wozu ich es sende." Gottes Wort hat es im Leben von Ilja auch gemacht. Es hat ihn vorbereitet, um in seinem Heimatland Israel sich für Jesus zu öffnen. Preist den Herrn!

Seitdem sind etwa 12 Jahre vergangen. Ilja ist inzwischen in der Ewigkeit. Valentina, die Ehefrau von Ilja, besucht immer noch die messianische Gemeinde in Arad. Sie hat da ihre geistliche Heimat gefunden. Auch ihre Gabe als Sängerin kann sie in der Gemeinde gut einsetzen.

Diese Geschichte ermutigt uns Christen. Wie Paulus in 2. Kor. 3,3 über die Korinther sagt: „Von euch ist offenbar geworden, dass ihr ein Brief Christi seid, ausgefertigt von uns im Dienst, geschrieben nicht mit Tinte, sondern mit dem Geist des lebendigen Gottes, nicht auf steinerne Tafeln, sondern auf Tafeln, die fleischerne Herzen sind." Ein Brief Christi ist ein großes Privileg. Es waren Christen im ukrainischen Gefängnis, die für Ilja ein „Brief Christi" waren. Sie hatten den geistlichen Boden in seinem Herzen vorbereitet. Als er dann später in seinem Heimatland Israel am Ufer des Toten Meeres von Jesus hörte, wurde er offen für ein Gespräch mit mir. Gott hat es so geführt, dass er und seine Frau an einem Tag Kinder Gottes wurden. Preist den Herrn!

## Eine Lehrerin des Atheismus wird Christi Nachfolgerin

Beate schreibt selber ihr Zeugnis.

Ich bin in einer sowjetisch gesonnenen jüdischen Familie geboren. In unserer Familie wurde weder an Gott geglaubt noch wurden jüdische Traditionen gepflegt. Das Einzige, was uns als Familie als jüdisch bezeichnete, war die Sprache, wir sprachen nämlich zu Hause jiddisch[27]. Meine Mutter besuchte dreimal im Jahr zu jüdischen Festen die Synagoge: zu Rosch ha-Schana[28], Jom Kippur[29] und Pessach[30]. Zu Hause aber wurde uns nie die Bedeutung der jüdischen Feste erklärt. Erst viele Jahre später konnte ich sie alle in 3. Mose 24 nachlesen. Als Kinder liebten wir aber den Honigkuchen, den Mama zu Rosch ha-Schana backte, und auch Maza[31] zu Pessach, die sie in der Synagoge kaufte. Ich kann mich auch gut erinnern, dass Mama am Jom Kipur, nämlich am Versöhnungstag, den ganzen Tag fastete. Erst bei der Abenddämmerung, als der erste Stern[32] am Himmel zu sehen war, beendete sie ihr Fasten. Das war so ziemlich alles, was ich von der jüdischen Religion wusste.

In der Schule wurde uns beigebracht, dass es keinen Gott gibt. In der Oberstufe beschäftigten wir uns intensiv mit der Evolutionstheorie von Charles Darwin. Sie wurde aber nicht als Theorie, sondern als Wahrheit, als Tatsache an uns weitergegeben. Ich besorgte mir später sogar die „Amüsante Bibel"[33] von Leo Taxil, worin der Autor über Gott und die Bibel spottet. Zu der Zeit hat es mir sogar Spaß gemacht, dieses spottende Buch zu lesen. Später an der Uni wurde ich weiter mit den Atheismus konfrontiert. Wir hatten ein Studienfach, das „Prinzipien des wissenschaftlichen Atheismus"[34] hieß. In diesem Fach wurde kontinuierlich Gott als Märchen dargestellt und die Christen als zurückgeblieben und sehr begrenzte Menschen beschrieben. Heute würde ich diesen gottlosen Unterricht als planmäßige Sterilisation des Geistlichen im Menschen bezeichnen.

Eines Tages las ich den Roman von M. Bulgakov „Мастер и Маргарита", in Deutsch „Meister und Margarita". Mich beeindruckte Jesus Christus in diesem Roman tief. Aber die vielen gottlosen Informationen, die ich in der Schule und an der Uni aufgenommen hatte, beeinflussten so stark mein Denken, dass der Jesus aus dem Buch von Bulgakov schnell vergessen war. Nach der Uni arbeitete ich zuerst als Lehrerin und später als Dozentin an der Uni, wo ich selber „Die Prinzipien des wissenschaftlichen Atheismus" unterrichtete.

In der Zeit, während ich Atheismus unterrichtete, passierte für unser damaliges Verständnis etwas Unglaubliches. Mein leiblicher Bruder kam zum Glauben an Jesus Christus. Für uns war es ein Schock! Unsere Mutter konnte diese Tatsache nicht ohne weiteres hinnehmen. Sie nannte ihren Sohn Verräter und sagte, dass er von Sinnen sei und den Verstand verloren habe. Auch ich diskutierte mit ihm viel über Gott, den Glauben, die Kirche, Bibel und das Christsein. Doch er blieb fest bei seiner Überzeugung. Sein Glaube und seine Überzeugung trugen dazu bei, dass ich nicht mehr so verschlossen gegenüber dem Glauben an Gott war. Ich las sogar manchmal in der Bibel, aber ich konnte da nichts verstehen.

Im Juni 1991 zogen wir nach Israel. Es bestand für uns die Möglichkeit, nach Eilat, zum äußersten Süden von Israel zu ziehen, was wir auch getan haben. Meine Tochter, mein Enkel und ich lebten jetzt im Land unserer Vorfahren. Zu der Zeit kamen immer wieder neue Emigranten aus der Ex-Sowjetunion nach Eilat. Da wir hebräisch nicht kannten, waren wir immer froh, russisch sprechenden Einwanderern zu begegnen. Eines Tages sprach mich ein Mann in russischer Sprache an und sagte, dass er an Jesus Christus glaube und dass es in der Stadt eine messianische Gemeinde gibt, wo der Gottesdienst auch in Russisch übersetzt wird. Ich verweigerte freundlich die Einladung mit der Begründung, dass ich eines orthodoxen Glaubens bin und nicht messianisch.

Das Leben in der neuen Heimat erfüllte mich nicht. Ich fühlte mich einsam, leer, verloren und enttäuscht vom Leben.

Ein Jahr später kam zu uns nach Eilat der bekannte Sänger Viktor Klimenko[35]. Er sollte in einer christlichen Herberge namens „Schelter[36]" singen. Viktor erzählte uns über seine Familie, sein Leben, seine Enttäuschungen und über seine Suche nach Gott und sang wunderbare Lieder über Gott und Gottes Liebe. Dann fuhr er fort: „Ich möchte euch von einem Juden erzählen, der mein Leben gerettet hat." Und erzählte uns von Jesus, der am Kreuz von Golgatha, stellvertretend für die Sünden aller Menschen, samt Viktor Klimenko, gestorben ist. Sein Zeugnis bewegte mich tief und brachte alle meine bisherigen atheistischen Überzeugungen ins Wanken. Als am Ende des Gottesdienstes die Einladung folgte, Jesus als Retter aufzunehmen, habe ich es auch getan. Seit diesem Tag habe ich wirklich mein Leben Jesus anvertraut. Seitdem ist Gott mein Wegweiser, er führt mich, erzieht mich und verändert mich. Ich begann, die Bibel zu lesen, und jetzt verstehe ich auch, was ich lese. Das Lesen in der Bibel und die Gottesdienste haben für mich seitdem eine große Bedeutung. Dadurch habe ich viel über Gott, sein Wesen und seinen Willen für uns Menschen erfahren. Ich habe gelernt, ihm zu vertrauen. Ich habe auch gelernt zu beten, wie für mich so auch für meine Familie sowie für die Anliegen der Gemeinde.

Im Juni 1995 wurde ich im Roten Meer getauft. Seitdem möchte ich gerne allen Menschen weiter sagen, dass Gott mich angenommen hat und mir Frieden und Freude geschenkt hat. Fast jeden Tag verteile ich auf den Straßen oder am Strand messianische Literatur. Ich erzähle den Mensch über Gottes Liebe zu uns, den verlorenen Töchtern und Söhnen Israels und zu den anderen Nationen. Einige Bürger unserer Stadt und auch Touristen am Strand des Roten Meeres wundern sich über meinen evangelistischen Eifer. Sie sagen: Du bist doch eine Jüdin und verkündigst Jesus Christus. Unser Volk glaubt doch nicht an Jesus. Als Antwort auf solche Argumente zitiere ich die Worte von Jesus: „Ich bin nur gesandt zu den verlorenen Schafen des Hauses Israel" Mat. 15,24. Des weiteren ermutige ich die Menschen, die Bibel zu lesen und unsere Gottesdienste zu besuchen.

Inzwischen hat der Herr mir geholfen, die hebräische Sprache zu erlernen, so dass ich auch mit der einheimischen Bevölkerung über Jesus Christus sprechen kann. Ich habe auch meinen Nachbarn über Jesus erzählt. Es ist ein junges Ehepaar. Nach einigen Gesprächen waren sie bereit, zum Gottesdienst am Samstag zu kommen. Nach einen Jahr hat das Ehepaar Jesus aufgenommen. Sie sind jetzt Mitglieder unserer messianischen Gemeinde. Es ist auch für mich immer eine riesige Freude, wenn der Herr mich gebrauchen kann, Menschen für das Evangelium aufmerksam zu machen.

Dieses Zeugnis schreibe ich am Jom Kippur. Still gehen die Menschen in weißer Kleidung durch die Straßen. Es ist ein Fastentag. Ich bin Gott sehr dankbar und bin zutiefst überzeugt, dass Jesus Christus mich mit seinem kostbaren Blut, vergossen am Kreuz von Golgatha, erlöst hat. „Denn Christus ist schon zu der Zeit, als wir noch schwach waren, für uns Gottlose gestorben… Um wie viel mehr werden wir nun durch ihn gerettet werden vor dem Zorn, nachdem wir jetzt durch sein Blut gerecht geworden sind." Röm. 5,6.9

Soweit das Zeugnis. Ich, der Autor des Buches, verfolge das Leben von Beate schon seit 20 Jahren und bin immer wieder begeistert über ihre Liebe zu Jesus und ihren Einsatz in der örtlichen messianischen Gemeinde. Beate war in der Ex-Sowjetunion sehr vom Atheismus geimpft. Sogar das Spottbuch „Amüsante Bibel" von Leo Taxil hat ihr beim Lesen Spaß gemacht. Als Dozentin empfahl sie auch den Studenten an der Uni Lektüren gegen Gott. Doch Gottes Liebe hat keine Grenzen. Gott liebt auch die, die gegen ihn kämpfen, weil er auch für sie gestorben ist.

Im Jahre 2001 fuhr unser damals siebzehnjährige Sohn David nach Eilat, um da in der christlichen Schelter ein Praktikum zu machen. Ich rief Beate an, damit sie ihn am Busbahnhof abhole und ihm zeige, wo die Herberge sei. Weil der Bus sehr spät ankam, konnte sie David erst nach Mitternacht abholen. Um 2.00 h Nachts bekam ich einen Anruf aus

Israel. Beate war am Apparat: „Dein Sohn ist gut angekommen. Ich habe ihn sofort erkannt. Dein Sohn ist jetzt mein Sohn und ich werde für ihn sorgen." Sie wünschte sich so sehr, dass ihr Enkel, der Davids Altersgenosse ist, sich auch für Jesus öffnet. Inzwischen hat sich auch die Tochter von Beate bekehrt. Und wenn du/Sie als Leser dieses Buches die Freude hast, für Beates Enkel zu beten, damit auch er sich für Jesus öffnet, so tue es bitte. Ich wünsche es so sehr, dass Beate auch diese Freude samt den Engeln im Himmel erleben könnte.

## Durch viele Strapazen Jesus gefunden

Galina berichtet selbst aus ihrem Leben:

Ich bin in Moldawien[37] in einer durchschnittlicher jüdischen Familie geboren. In unserem kleinen Ort, einem Stadtteil von Tiraspol,[38] lebten viele Nationalitäten, doch den größten Teil machten die Juden aus. Meine Kindheit, wie auch die der meisten Kinder unserer Ortschaft, verlief glücklich. Wir waren umgeben von der Liebe unserer Eltern, Verwandten und Freunden. Leider war ich gesundheitlich oft angeschlagen und aus diesem Grund konnte ich nicht immer mitmachen, wenn meine Altersgenossen spielten oder Ausflüge machten. Meine beiden Eltern waren berufstätig und so bemühte sich meine Oma um meine Erziehung. Bis heute kann ich mich gut erinnern an die wunderschönen jüdischen Streuselkuchen mit Pflaumen, Walnüssen und Butter, die meine Oma buk. Für uns Kinder waren ihre Kuchen etwas Besonderes, wie ein Fest. Wir freuten uns jedes Mal, wenn Oma buk. Oft unternahm unsere Großmutter mit uns im Frühling oder Sommer Wanderungen durch die grüne Landschaft. Und immer wieder sagte sie zu uns: „Liebe Kinder, alles, was ihr seht, hat Gott gemacht." Für mich als Kind waren ihre Erzählungen sehr interessant. Ich war neugierig und stellte immer weitere Fragen: „Wie", fragte ich, „auch die Sonne, auch den Himmel, auch die Sterne - hat dies alles Gott gemacht?" Meine Oma schaute mich immer freundlich an und antwortete, wie sie es konnte. Am Samstag bekamen wir viele jüdische Gäste. Wir Kinder spielten, während die Gäste bei uns waren, draußen. Im Nachhinein denke ich, dass Oma mit den Gästen Sabbat gefeiert hat. Und weil der Glaube an Gott in der ganzen Ex-Sowjetunion verfolgt wurde, verliefen die Gottesdienste heimlich.

Auch später, als ich zur Schule ging, begleitete mich meine Oma bis zur äußeren Tür unseres Hofes. Bevor sie mich gehen ließ, umarmte sie mich und betete für mich in Jiddisch. Die Abschiedsworte waren immer die gleichen: „Der Herr wird immer mit dir sein und habe keine Angst". Omas Gebet und Segensworte blieben nicht spurlos im meinem weiteren Werdegang. Öfters, wenn der Lehrer in der Schule mich aufforderte nach vorne zu kommen, um meine Hausaufgaben abzufragen oder etwas an die Tafel zu schreiben, betete ich, während ich nach vorne ging. Ich bat den Herrn, dass er mir die Angst nimmt und hilft, die Fragen richtig zu beantworten.

Es scheint mir, dass wir unbewusst folgende Bibel-stelle kannten: „Gott sagt: Er liebt mich von ganzem Herzen, darum will ich ihn retten. Ich werde ihn schützen, weil er mich kennt und ehrt." Ps 91,14 Wir hatten als Familie Achtung vor Gott. Als ich aus der Schule kam, erzählte ich meine Erlebnisse mei-ner Großmutter.

Nach der Schule machte ich eine Ausbildung und daraufhin heiratete ich. Während ich am Anfang meines Ehelebens stand, erlebte ich zwei unerwar-tete Schicksalsschläge. Meine liebe Oma starb und kurz darauf auch meine liebe Mama. Es war hart für mich, in so kurzer Zeit zwei liebende Menschen aus meinem nächsten Umfeld zu verlieren. Doch der Glaube an Gott, den meine Oma in mein kindliches Herz gepflanzt hatte, half mir enorm, den harten Verlust zu verarbeiten.

Allmählich stellte sich der Alltag wieder ein. Die Trauerschmerzen legten sich mit der Zeit. Wir beka-men zwei Kinder und ich hatte den Eindruck, wie-der auf der Sonnenseite des Lebens zu stehen. Doch die politischen Umstände in Moldawien änderten sich in kurzer Zeit. Der Zerfall der Sowjetunion und der Beginn der Demokratie in den Neunziger Jahren brachten viele Veränderungen[39] mit sich. Ich verlor meine Arbeitsstelle. Plötzlich brach sogar ein Mini-Bürgerkrieg aus, in dem es keine Sieger und Besiegte gab. Es wurde geschossen. Wir hatten Angst, aus dem Haus oder ins Geschäft zu gehen. In unserer Nachbarschaft sind Menschen ums Leben gekommen. Eine grausame Zeit kam auf uns zu. Wir wussten nicht, wie es weiter gehen würde. Ich weinte und bat Gott um Hilfe. Ich vertraute Gott und das gab mir Sicherheit. Die Unruhen legten sich langsam, doch es war noch sehr viel Hass unter den verschiedenen Parteien. Dies führte dazu, dass wir zuerst die Stadt und dann auch das Land verließen. Ich glaube, dass Gott uns durch diese Unruhe-Zeiten durchgetragen hat.

Weil wir Juden sind, konnten wir in einige Länder auswandern, u.a. auch nach Deutschland[40]. Von diesem Recht machten wir Gebrauch. Als wir nach Deutschland kamen, wurde uns die Stadt Köln empfohlen, wo wir bis heute leben.

Eines Tages sagte mir eine Bekannte, dass es nicht weit von unserem Stadtteil eine messianische Gemeinde[41] gäbe. „Wir studieren da zusammen die Bibel, um Gott besser kennen zu lernen", erzählte sie. Zu dem Zeitpunkt hatten sich wieder einige Sorgen in meinem Leben angesammelt, auch gesundheitlich ging es mir nicht gut. Die Einladung, am Samstag zum messianischen Kreis mitzukommen, ließ mich nicht kalt. Die vielen Veränderungen in meinem Leben hatten den Glauben an Gott, von dem meine liebe Oma so viel in meiner Kindheit erzählt hatte, nicht erloschen. Ihre ausführlichen Erzählungen über den wahren Schöpfergott tauchten auf einmal so lebendig und frisch in meinem Gedächtnis auf. Was neu für mich war, dass in der messianischen Gemeinde nicht nur über den Gott Abrahams,

Isaaks und Jakobs gelehrt wurde, sondern auch über Jesus. Dies hatte mir meine jüdische Bekannte auch gesagt. Dass es Juden gäbe, die an Jesus als Messias glaubten, war für mich bis dahin auch unbekannt. Mein Glaube an Gott und die Neugier, den messianischen jüdischen Kreis kennen zu lernen, siegten, so dass ich eines Sabbats mich überwand und zum Gottesdienst ging. In der Versammlung der Gläubigen wurde ich herzlich aufgenommen, so wie man einen lieben Verwandten aufnimmt. Die Gruppe bestand aus freundlichen und herzlichen Besuchern, so dass ich mich da sofort geborgen und willkommen fühlte. Nach einigen Liedern, die gesungen wurden, war mir sehr bewusst, dass es hier um Gott geht. Bis zu diesem Moment kannte ich so etwas nicht, nämlich dass durch die Lieder, die die Gruppe sang, Gott verherrlicht und angebetet wird. Nach dem Gesang hörte ich zum ersten Mal im Leben eine Predigt. Pastor Jakob Kröker sprach über Gott den Schöpfer und über Jesus, der aus Liebe zu uns Menschen am Kreuz von Golgatha für uns sündigen Menschen gestorben ist. Er sagte, dass Gott wolle, „dass alle Menschen gerettet werden und sie zur Erkenntnis der Wahrheit kommen. Denn es ist ein Gott und ein Mittler zwischen Gott und den Menschen, nämlich der Mensch Christus Jesus, der sich selbst gegeben hat als Lösegeld für alle, als sein Zeugnis zur rechten Zeit." 1 Tim. 2,3-6 Ich hörte sehr aufmerksam zu. Es war mir, als ob Gott zu mir sprach. Diese Botschaft wurde zum Wendepunkt meines Lebens. Mir wurde deutlich, dass Gott mich persönlich liebt und mich retten möchte. Das Gehörte bewegte mich so sehr, dass ich weinend mein Herz Jesus öffnete. Er bekam auf einmal so eine große Bedeutung in meinem Leben, dass ich begann, regelmäßig die Gottesdienste zu besuchen. Der Glaube an Gott und die Gemeinschaft mit Gleichgesinnten erfüllt seitdem mein Leben. Auch die Gemeinschaft mit Brüdern und Schwestern nach dem Gottesdienst schätze ich sehr. Wir sitzen an Tischen, führen Gespräche und genießen dabei Kaffee und leckere Mohnkuchen, die Jakobs Ehefrau Katharina oder andere Teilnehmer unserer Gemeinde zubereitet haben. Es gibt in der messianischen Gruppe wunderbare Mitarbeiter. Zu denen gehören Regina, Jutta, Peter, Peter und Susanne und Sascha. Sie sorgen wunderbar für das Programm im Gottesdienst, die Anbetungslieder sowie die Gratulation der Geburtstagskinder. Ihnen bin ich sehr dankbar.

Liebe Leser meines Zeugnisses, glaubt an Gott und vertraut Gott. Er liebt uns alle! Auch wenn dunkle Tage in unserem Leben eintreten, haltet euch trotzdem zu ihm. Er wird euch nicht ohne Aufmerksamkeit und seine Hilfe lassen.

Soweit Galinas Zeugnis. Daraus sieht man, welches wunderbare Glaubensfundament ihre Oma in ihre Enkelin gelegt hat. Die vielen Erzählungen über Gott den Schöpfer bei den Wanderungen mit der Enkelin haben Frucht getragen. Unter den vielen Strapazen, die Galina in ihrem Leben durchgemacht hat, ist sie nicht zusammen gebrochen. Immer wieder hat sie die Hilfe bei Gott gesucht. Und Gott hat sie nicht enttäuscht. Die Glaubenszeugnisse von Oma haben wesentlich dazu beigetragen, dass Galina sich zum messianischen Gottesdienst in Deutschland einladen ließ. Weil sie schon als Kind vieles von Gott gehört hatte, glaubte sie an ihn. Die Offenheit Gott gegenüber wurde für sie eine Voraussetzung für den Glauben an Jesus. Heute ist sie eine Jüdin, die an Jesus glaubt.

Galina glaubt an Gott und an Jesus Christus als den Sohn Gottes. Diesen Glauben bekennt sie offen unter Verwandten, Bekannten und Landsleuten. Ihre leibliche Schwester hat sich inzwischen auch bekehrt. Leider ist sie schon früh heimgegangen. Galina hat inzwischen selber zwei süße Enkelinnen, die sie öfters am Samstag betreuen muss. Denen erzählt sie, genau wie ihre Oma es gemacht hat, von Gott. Weil sie mittlerweile die deutsche Sprache gelernt hat, besucht sie gerne am Sonntagmorgen den christlichen Gottesdienst, wo sie ebenso geistliche Speise bekommt.

## Elvinas Erlebnis auf einem Friedhof

Elvina ist eine an Jesus gläubige Jüdin, die seit 10 Jahren die Gottesdienste in Köln besucht. Ihre Kinder leben aber nach wie vor in Russland - die Tochter in Moskau und der Sohn in Sankt Petersburg. Jedes Jahr besucht Elvina ihre Kinder. Folgendes hat sie beim vorletzten Besuch erlebt. Sie schreibt ihr

Zeugnis in erster Person und ich habe es aus dem Russischen ins Deutsche übersetzt.

Eines Tages kam ich wieder nach Sankt Petersburg, um meine Kinder und Enkelkinder zu besuchen. Am Wochenende kam mir der Gedanken, zum Friedhof zu fahren, um nach den Gräbern meiner verstorbenen Eltern zu schauen. Es war Januar und ziemlich kalt. Das Thermometer zeigte -20°. Warm angezogen, machte ich mich auf den Weg zum Südlichen Friedhof[42]. Er befindet sich am südlichen Rand der Stadt und um dahin zu kommen, musste ich mit einigen öffentlichen Verkehrsmitteln fahren. Als ich in den letzten Bus stieg, der unmittelbar zum Friedhof fährt, wunderte ich mich, dass ich der einzige Fahrgast war. Als ich aus dem Bus stieg, ging ich sofort in die Richtung, wo meine Eltern beerdigt liegen. Mir begegneten einige Personen, die schon zurück von Friedhof gingen. Aber keiner ging in meine Richtung und der Friedhof schien schon leer zu sein.

In diesem Winter gab es viel Schnee. Der Straßendienst schaffte es einfach nicht, die Straßen rechtzeitig vom Schnee zu befreien. Und wenn, dann auch nicht überall. Der Friedhof zum Beispiel lag unter einer dicken weißen Schneedecke und nur die zentrale Allee war schneefrei. Die Gräber meiner Eltern lagen abseits und so musste ich den geräumten Weg verlassen und durch tiefen Schnee weiter gehen. Weil der Weg nicht zu erkennen war, trat ich daneben und geriet in ein Loch. Es war so tief, dass ich bis zum Hals im Schnee steckte. Mit aller Kraft versuchte ich, aus dem Loch zu klettern, doch es klappte nicht. Jedes Mal sank ich nur noch tiefer in den Schnee. Mit der Zeit begriff ich, dass ich ohne Hilfe nicht aus diesem Loch herauskomme. Ich begann so laut wie möglich um Hilfe zu schreien. Vergeblich. Soweit ich sehen konnte, war niemand da, der mir die Rettungshand hätte reichen können. Der Friedhof war menschenleer und langsam brach die Finsternis ein.

Weil ich inzwischen auch ziemlich fror, fiel es mir schwer, mein Handy zu benutzen. Entweder wählte ich mit meinen zitternden Händen die falsche Nummer oder die Leute waren nicht da, die ich anrufen versuchte. Weinen konnte ich auch nicht mehr. Ich hatte den Eindruck, dass die wenigen Tränen, die ich noch hatte, zu kleinen Eiswürfeln wurden. „Es ist mein Ende", dachte ich, „in diesem Schneeloch, nicht weit von meinen Elterngräbern, werde ich sterben."

Ich begann zu beten. Ich sagte zu Gott: „Wenn die Zeit gekommen ist, da du mich von dieser Erde abrufen möchtest, so geschehe dein Wille. Aber mache bitte ein Wunder, dass mein Übergang zu dir nicht in diesem Loch auf dem Friedhof geschehe. Keiner weiß, dass ich zum Friedhof fahren wollte und hier unter dem Schnee findet mich bis zum Frühling kein Mensch. Und zu sterben durch Erfrieren ist ja wohl auch sehr schmerzhaft."

Gott erhörte mein Gebet. Während ich weiter zu Gott schrie, hörte ich mein Handy klingeln. Ich bat Gott, mir zu helfen, den richtigen Knopf zu drücken und zu hören, wer mich anruft. Und Gott half mir. Meine Tochter aus Moskau war am Apparat. „Mama! Wo bist du?" wunderte sie sich, „ich habe dich schon mehrmals angerufen, aber in der Wohnung war keiner. Wo steckst du?" Ich antwortete: „Ich bin am Sterben auf dem Südfriedhof von St. Petersburg, nicht weit vom Grab meiner Mutter." Meine Tochter informierte sofort die Polizei und den Rettungsdienst von Petersburg. Meine Enkelin fand heraus die Telefonnummer vom Wachdienst des Südfriedhofs und rief ihn sofort an. Der Wächter antwortete: „Sie haben Glück gehabt. Ich bin dabei, die Tore zu schließen und den Friedhof zu verlassen, aber jetzt mache ich mich sofort auf die Suche nach eurer Großmutter."

Der Wächter war der Erste, der mich in diesem Schneeloch fand. Es war auch für ihn nicht einfach, mich aus dem Loch heraus zu holen. Ich spürte meine Füße nicht mehr und konnte ihm bei meiner Rettung überhaupt nicht behilflich sein. Als er mich heraus geholt hatte, versuchte er, mich auf die Beine zu stellen, aber vergeblich. Ich fiel sofort um. Dann nahm er mich auf den Arm und trug zu der Wachdienststelle. Er gab mir sofort heißen Tee und war mir sehr behilflich. Es dauerte auch nicht lange, bis der Krankenwagen eintraf und mich ins Krankenhaus brachte.

Diese wahre Geschichte spricht vom einzigartigen Eingreifen Gottes im Leben von Elvina. Nach dem Gebet zu Gott ändert sich ihre Situation. Die Tochter rief an, Elvina drückte mit dem klammen Finger den richtigen Knopf, sie konnte die Stimme der Tochter hören. Elvina konnte beschreiben, wo sie sich befindet, die Enkelin fand die richtige Telefonnummer, der Wächter war noch nicht weggegangen, fand sie recht schnell und der Krankenwagen traf ein wenig später ein. Gott sei Dank, dass bei Elvina keine bleibenden Schäden durch Unterkühlung entstanden sind. Schon bald konnte Elvina das Krankenhaus verlassen. Dieses Ereignis wurde zum riesigen Zeugnis, wie für die Verwandten so auch für ihren großen Freundeskreis. Auch am Sabbatgottesdienst in Köln hat sie uns erzählt, wie der Herr ihr auf dem Friedhof geholfen hat. Dieses Erlebnis hat ihren persönlichen Glauben an Gott enorm gestärkt. Seitdem ist es für Elvina unmissverständlich klar, dass Gott in jeder Situation den Menschen, die ihn anrufen, helfen kann.

## Nach langer Suche endlich gefunden

Ich habe Michael in Israel in einem Stadtteil von Tel Aviv kennen gelernt, wo er auch zum Glauben an Jesus Christus gefunden hat. Ich bat ihn, das Zeugnis über seinen Weg zum Glauben an den Herrn Jesus Christus aufzuschreiben, was er gerne getan hat. Ich habe es ins Deutsche übersetzt.

Das Zeugnis von meinem Weg zu Gott, wie auch andere Zeugnisse gläubiger Menschen, sind Ausdrücke der Liebe Gottes. Ich habe den Eindruck, dass keiner von den Menschen, die ich kannte, Gott gesucht hat. Alle versteckten sich hinter „großen Bäumen" wie Atheismus, Religion oder irgendeine Philosophie, die uns noch mehr von Gott entfernte. So war es auch in meinem Leben.

Ich bin in einer jüdischen Familie geboren. Meine Eltern glaubten nicht an Gott, dennoch waren sie stolz, dass sie Juden sind. Ich habe sehr früh den Gedanken aufgenommen, dass es keinen Gott gibt. Jede Form des Glaubens an Gott dient dem Ausbeuten der Arbeiter, glaubte ich.

Ich kann mich an ein lustiges Beispiel aus dem Leben meiner Großmutter erinnern. Ich war Zeuge eines Gesprächs zwischen meiner Oma und unserem Nachbarn Onkel Isaak. Er sagte zu ihr: „Kejla, mach dir keine Sorgen, ich kenne einen Menschen, der beten kann." Meine Oma schrieb sofort ihr Anliegen auf einen Zettel und gab ihn Onkel Isaak. Dieser sah sich den Zettel sorgfältig an und sagte: „Es wird 25 Rubel[43] kosten." Oma erwiderte, dass dies zu teuer sei, und wollte den Zettel zurücknehmen. „Kejla, ist dir das Geld zu schade?" sagte darauf der Onkel, „gib 15 Rubel und ich lege 10 noch dazu." Dieses Ereignis befestigte meine Überzeugung, dass jede Form des Glaubens an Gott dazu dient, von den Menschen Geld zu kassieren.

Abgesehen davon, war mein jüdisches Selbstbewusstsein sehr hoch. Die Prägung meiner Eltern war, dass ich ein Jude sei und wenn ich gute Perspektiven in meinem Leben haben möchte, muss ich mindestens dreimal klüger sein als die Goi[44]. Auch in der Frage der Familiengründung haben die Eltern mir öfters gesagt, dass ich eine Jüdin heiraten sollte. Manchmal dachte ich, dass es einfacher sein würde, wenn ich nicht unbedingt eine Jüdin heiratete. Aber im Herzen war ich doch irgendwie stolz, dass es unter unserem jüdischen Volk so viele bedeutenden Persönlichkeiten gab wie Karl Marx, Jakob Swerdlov, Feliks Dzerzhinskiy und viele anderen. Dass es unter den Juden der Ex-Sowjetunion auch viele Wissenschaftler, Sportler, Künstler und Schauspieler gab, bereitete mir auch Freude und Genugtuung.

Mit fünfzehn Jahren traf mich ein sehr harter Schicksalsschlag. Meine Mutter starb an Magenkrebs. Zwei Jahre später starb mein Vater. Den Verlust beider Elternteile habe ich sehr schwer verkraftet. Lange wollte ich es einfach nicht wahrhaben, dass ich ohne Eltern geblieben bin. Tiefe Einsamkeit war meine beständige Begleiterin. Durch mein aktives Studentenleben, die Teilnahme an verschiedenen Events, Theaterbesuche und viele anderen Aktivitäten versuchte ich mich von meiner Einsamkeit und drückenden Leere zu befreien. Doch ganz gleich, was ich unternahm, fühlte ich mich verlassen und einsam.

Meine drückende Stimmung veranlasste mich dazu, öfters über den Sinn des Lebens nachzudenken. Ich dachte auch viel über den Tod nach. Der atheistische Gedanke, dass mit dem Tod die Existenz des Menschen aufhört, stellte mich auch nicht zufrieden. Einsam, deprimiert und mit vielen offenen Fragen verbrachte ich mein Studentenleben.

Nach dem Studium traf mich erneut eine Reihe von Schicksalsschlägen. Meine liebe Oma, die so wunderbar für mich sorgte, starb. Dadurch hatte ich einen weiteren liebenden Menschen aus der Familie verloren. Mein Bruder erlitt einen Autounfall, nach dem er im Krankenhaus 8 Monate lang große Schmerzen ertragen musste. Ich wurde einberufen als Kriegssoldat nach Afghanistan[45]. Aber selbst in den Kriegsgebieten, wo man öfters um sein eigenes Leben bangt, begleitete mich das Gefühl der Einsamkeit.

Einmal sagte mir ein Kamerad aus Udmurtien[46]: „Mischa, du tust mir Leid. Du bist ein Heimatloser. Ich bin ein Udmurte und komme aus Udmurtien. Der da ist ein Usbeke und kommt aus Usbekistan. Du aber gehörst nirgendwo hin." Ich antwortete, dass ich in der Ukraine geboren bin. „Willst du damit sagen, dass du ein Ukrainer bist?", kam sofort die Gegenfrage. Die Fragen meiner Kameraden veranlassten mich, noch intensiver über meine Identität nachzudenken. Unerwartet fing ich an, über Gott nachzudenken. Die Fragen über meine Heimat und über den Sinn des Lebens beschäftigten mich ebenso nach wie vor. Irgendwo tief in meinem Herzen hoffte ich, eines Tages mehr Informationen über meine brennenden Fragen zu bekommen. Nach diesen Überlegungen war der Wunsch, lebend aus Afghanistan heraus zu kommen, größer. Obwohl ich Gott nicht kannte, betete ich zu ihm.

Während einige Kameraden Afghanistan nicht überlebt hatten, kam ich Gott sei Dank lebend zurück. Als dann die Möglichkeit kam, nach Israel zu immigrieren, wanderte ich aus. Das neue Heimatland enttäuschte mich zunächst. Meine Vorstellungen von Israel waren anders. Ich hatte den Eindruck, dass Israel mich stiefmütterlich behandelte. Ich hatte keine Freunde, keine Bekannten und die hebräische Sprache kannte ich auch nicht. Dass die Israelis so verschieden aussehen und sehr unterschiedlich sind, war für mich auch neu. Russische, ukrainische, marokkanische, iranische, irakische, jemenitische und Juden aus vielen anderen Ländern bevölkerten das Land. Ich fühlte mich zunächst einfach überfordert.

In Israel ging meine Suche nach dem Sinn des Lebens weiter. Auf keinen Fall wollte ich aufgeben. Zunächst kaufte ich mir einige Bücher über die jüdische Religion und versuchte sie fleißig zu studieren. Zielstrebig lernte ich so schnell wie möglich die hebräische Sprache, um die Bücher lesen zu können. Obwohl ich sehr beschäftigt war, spürte ich immer noch die Einsamkeit und Leere. Ich betete zu Gott und hoffte, dass er mir eines Tages doch helfen würde.

Eines Tages begegnete ich Menschen, die an Jesus glaubten. Sehr gerne verwickelte ich mich mit ihnen ins Gespräch über Gott. Gerne wollte ich im Gespräch zeigen, wie viele Kenntnisse ich inzwischen über Gott und über die Lebensansichten bekannter Philosophen gesammelt hatte. Durch meine gewonnenen Kenntnisse wollte ich meine Gesprächspartner zum wahren Glauben führen und begründen, dass der Glaube an Jesus verkehrt sei. Doch ich war schnell mit meinem Latein am Ende. Mir wurden so viele Prophezeiungen an Hand des Tanach über Jesus gezeigt, dass ich keine Antworten gegen ihre Argumente fand. Tief überzeugt von der Wahrheit der Bibel, erzählten sie mir liebevoll den Heilsplan Jesu. Der Friede, den sie ausstrahlten, und die Gewissheit, dass sie Gottes Kinder sind, faszinierten mich. Plötzlich merkte ich, dass es genau das war, was ich so lange suchte. Nach diesem Gespräch begann ich, in der Bibel zu lesen. Besonders beeindruckten mich die Prophezeiungen über Jesus. Mir wurde es sehr klar, dass die Propheten deutlich das Kommen Jesu vorausgesagt hatten. Und nicht nur sein Kommen, sondern laut Jesaja 53 auch, dass er für die Sünden der Menschen leiden wird. Zwei Dinge standen mir immer noch im Wege. Erstens, dass ich ein Jude bin und unser Volk glaubt nicht an Jesus. Zweitens, wenn ich mich für Jesus entscheide, dann muss ich den sündigen Weg verlassen. Trotz der Anfechtungen öffnete ich mich für Jesus. Ich nahm ihn auf und endlich hatte ich das Gefühl: Ich bin zu Hause, ich bin angekommen. Ich habe den Segen Gottes. Halleluja!!!

Michaels wahre Geschichte zeigt, wie hart das Leben sein kann. In jugendlichen Jahren die Eltern zu verlieren, ist ohne Frage ein enormer Verlust. Um das zu verarbeiten, braucht man viel Kraft, die Michael nicht hatte. Mit diesem Schicksal musste er leben. Seine langjährige Suche nach dem Sinn des Lebens in verschiedenen Lebensbereichen und in den Philosophien bedeutender Persönlichkeiten blieb ohne Erfolg. Auch Israel, die Heimat seiner Vorfahren, erlöste ihn nicht von der Einsamkeit und Leere, die er inzwischen schon über 10 Jahre in sich trug. Doch Gott erhörte Michaels Seufzen. Er durfte Menschen begegnen, die den wahren Gott kannten. Gott gab ihnen die Möglichkeit, Michael die Gute Nachricht von Jesus zu erzählen. Das Wunder geschah. Michael glaubte an Jesus und ist jetzt eine neue Kreatur, das Alte ist vorbei. Er kennt jetzt den Sinn des Lebens und erzählt seinen Landsleuten vom verheißenen Messias Jesus Christus.

Diese Geschichte zeigt ebenfalls sehr deutlich, dass außerhalb von Gott ein Mensch nirgendwo den wahren Sinn des Lebens findet. „Kommt her zu mir", sagt Jesus, „alle, die ihr mühselig und beladen seid; ich will euch erquicken." Michael ist durch den Glauben an Jesus erquickt worden. Er hat bei Jesus Ruhe gefunden. Preist den Herrn! Des Weiteren sieht man in Michaels Zeugnis, welche Folgen ein christliches Zeugnis mit sich bringen kann. Gott hat nur ein Gespräch gebraucht, um hunderte Fragen von Michael zu beantworten und im Anschluss aus dem verzweifelten Michael einen überzeugten Nachfolger Jesu zu machen.

## Dein Opa hat für dich gebetet

Aron wurde in der Ukraine in einer jüdischen Familie in der Regierungszeit von Brezhnev[47] geboren. Er hat sein Zeugnis in russischer Sprache verfasst und ich habe es ins Deutsche übersetzt.

Wie auch viele anderen Kinder, haben wir öfters in der Kindheit Krieg gespielt. Im Fernseher liefen viele Kriegsfilme und so versuchten wir alles nach zu spielen. Wir liefen mit einem Spielzeugschwert durch die Gegend und schrien laut: „Wir Juden der Roten Armee![48]" Es dauerte nicht lange, bis meine kindliche Begeisterung über die politische Lage im Land in mir abkühlte. Den Antisemitismus habe ich sehr früh zu spüren bekommen. Als ich in der neunten Klasse für das Rekrutierungsbüro[49] eine Charakteristik aus der Schule bringen musste, hatte meine Lehrerin alle meine „Sünden"[50] aufgeschrieben, nämlich:

„Aron Samuilovitsch Wachtmann. Geboren am 04.05.1968. Kein Mitglied des Komsomol. War kein Teilnehmer vom Leninski Testat. Nationalität: Jude".

Nach meinem Militärdienst geschahen einige politische Veränderungen im Lande. Unter anderem durften die in der Ex-Sowjetunion lebenden Juden nach Israel auswandern. Meine Familie war auch sofort bereit, die Möglichkeit zu nutzen und nach Israel umzuziehen. Während wir die Papiere für die Ausreise vorbereiteten, mussten wir in verschiedenen Büros des Gor-Sovet[51] vorsprechen. Eines Tages, während eines solchen Besuches, schenkte mir ein Mann auf dem Flur eine Bibel. Ich nahm sie dankbar an und nutzte die Wartezeiten immer wieder, um die Bibel zu lesen. Ich weiß nicht warum, aber ich fing mit dem letzten Brief der Bibel an. Es war interessant, in der Offenbarung zu lesen, aber ich verstand da gar nichts. Dann begann ich den vorletzten Brief der Bibel, den Hebräerbrief[52], zu lesen. Für mich war der Gedanken interessant, dass in einem christlichen Buch, das die Bibel heißt, auch ein Brief an die Juden ist. Sehr sorgfältig studierte ich dann den Hebräerbrief. Und ich glaubte auch einiges zu verstehen. Es machte mir Freude, als ich in dem Brief jüdische Namen entdeckte. Eines Tages las ich das Johannes-Evangelium. Die Informationen, die ich darin über Jesus bekam, beeindruckten mich. Die von ihm vollbrachten Wunder, sein Umgang mit den Menschen, seine Hingabe und vieles mehr änderten mein Blickwinkel in Bezug auf Jesus. Ich muss zugeben, dass die Informationen, die ich noch vor kurzem über Jesus hatte, völlig anders waren als die, die ich jetzt beim Lesen bekommen hatte. Eines Tages las ich die Bibelstelle: „An eurer Liebe zueinander wird jeder erkennen, dass ihr meine Jünger seid." Joh. 13,35 „In einer lieblosen Welt müssen Jesu Nachfolger auffallen", dachte ich, „ich kann es ja auch prüfen. In der Stadt, wo ich wohne, gibt es einige christliche Gemeinden. Ich gehe hin und prüfe, ob sie liebevoll miteinander umgehen." Es kam der Sonntag und ich machte mich auf den Weg zur nächstliegenden christlichen Kirche. Ich achtete mehr darauf, wie sie miteinander umgingen als dass ich zuhörte, was vorne gepredigt wurde. Und ich muss sagen, ich war fasziniert. Als ich hinkam, wurde ich freundlich begrüßt. Mir wurde ein Platz zum Sitzen angeboten und ich bekam ein Liederbuch. Die Teilnehmer hatten einen freundlichen Umgang miteinander. Tief in meinem Herzen musste ich zugeben: Die Liebe, die die Gottesdienst-Besucher zueinander haben, bezeugt, dass sie Jesu Jünger sind.

Als ich im Begriff war, nach Hause zu gehen, erfuhr ich, dass die Christen, die ich eben kennen gelernt hatte, „Baptisten[53]" heißen. Da der Ruf der Baptisten in den staatlichen Medien negativ war, kam auch bei mir eine negative Einstellung ihnen gegenüber auf. Wem sollte ich jetzt glauben? Jesus, der gesagt hat „An eurer Liebe zueinander wird jeder erkennen, dass ihr meine Jünger seid" oder den staatlichen Medien?

Ohne eine klare Einstellung zu Glaubensfragen sind wir nach Israel umgezogen. Als wir in Israel gelandet waren und relativ schnell eine Wohnung im Norden des Landes bekamen, machte ich mich auf der Suche nach einer christlichen Gemeinde. „Wer sucht, der findet" und auch ich fand bald eine messianische Gemeinde. Hier in Israel habe ich mich zu Jesus bekehrt. Er, der Sohn Gottes, hat mir meine Sünden vergeben und ist Herr über mein Leben geworden.

Aron nahm den Glauben an Gott und die Nachfolge ernst. Ich freute mich sehr über die Glaubensschritte, die er machte. Es hat nicht lange nach seiner Bekehrung gedauert, bis ihm der Predigtdienst anvertraut wurde. Bis heute dient er in der Verkündigung.

Arons ganzen Werdegang hat auch seine Mama miterlebt. Bis zu dem Zeitpunkt, als sie ihren Sohn predigen hörte, nahm sie keine Stellung zu der geistlichen Entwicklung ihres Sohnes. Als aber Aron zu predigen begann, brach sie ihr Schweigen. „Mein Sohn", sagte sie, „wir sind eine jüdische Familie. Dein Großvater war Prediger in einer christlichen Gemeinde. Weil wir Christen und weil wir Juden waren, haben wir sehr schwere Zeiten durchgemacht. Als du, Aron, geboren wurdest, haben wir dir den Glauben an Gott verschwiegen. Wir wollten einfach nicht, dass auch du wegen des Glaubens leidest und dadurch in der sowjetischen Gesellschaft benachteiligt wirst. Deshalb haben wir nie mit dir darüber gesprochen. Aber der liebe Gott hat dich trotzdem gefunden. Und die Gebete deines Großvaters, der öfters für seine Nachkommen gebetet hat, sind erhört worden. Du bist ein Kind Gottes. Preist den Herrn!"

# Rettung aus der Sackgasse

In der Jahren 1987-1990 kamen sehr viele jüdische Neueinwanderer aus der Ex-Sowjetunion nach Israel. Auch in der Stadt Arad war es sehr zu merken. Immer wieder traf man auf Menschen, die sich mit der neuen Umgebung und Lebensweise vertraut machten. Die örtliche messianische Gemeinde nahm sich die neue Herausforderung vorbildlich zu Herzen. Außer den vielen sozialen Aktivitäten wie Hilfe bei der Wohnungssuche, Übersetzungen von Amtsbriefen, praktischer Hilfe beim Einkaufen und vieles mehr, wurden auch Bibeln und Traktate verteilt. Der örtlichen Gemeinde gelang es immer wieder, auch Außenstehende, unter anderem Drogensüchtige, zum Gottesdienst einzuladen. Fast jeden Gottesdienst erlebten wir, dass Menschen sich für Jesus entschieden. In einem Jahr ließen sich 40 Personen taufen. Ich fühlte mich wie in der apostolischen Zeit, in der täglich Bekehrungen stattfanden. Mir bereitete es viel Freude, nach jedem Gottesdienst mit den Besuchern, die zurück blieben, zu beten und zu erleben, wie sie zum ersten Mal im Leben den lebendigen Gott anriefen und ihn um Vergebung baten.

Wieder einmal hatten wir einen Sabbat-Gottesdienst im Süden Israels. Ich predigte über das Thema „Wähle das Leben" und erwähnte unter anderem, dass es keine Sackgasse gibt, aus der uns unser Herr Jesus nicht herausholen könnte. Nach dem Gottesdienst blieb auch Jonathan zurück, um mit mir zu beten. Jonathan ist ein intelligenter Mann. Er hatte eine Familie und es war ihm nicht anzusehen, dass er in einer Drogensucht steckte. Möglicherweise war er noch nicht lange in dieser Sucht. Jonathan war sehr offen. „Ich habe nichts zu verbergen", erzählte er, „ich stecke in der Drogensucht und wollte mein Leben beenden. Als ich heute in der Predigt hörte, dass das Leben ein Geschenk Gottes sei und man es nicht selber beenden dürfe, möchte ich bei Gott um Hilfe bitten. Ich bin soweit gekommen, dass ich fürs Kindergeld Drogen kaufe. Ich beraube meine eigene Familie und brauche Hilfe."

Ich las Jonathan einige Bibelstellen über das Werk Jesu und seine Einladung, mit unserer Last zu ihm zu kommen. Mein Gegenüber hörte aufmerksam zu und beugte sich vor dem Herrn. Er bat Jesus, ihm zu vergeben und ihn von der Drogensucht frei zu machen. Daraufhin umarmte ich ihn und begrüßte ihn als Bruder im Herrn. Im Anschluss saßen wir noch eine Weile und unterhielten uns über die Nachfolge Jesu und den Glauben an Gott.

Während wir noch da saßen, holte Jonathan eine Zigarette aus der Hosentasche und steckte sie sich in den Mund. Bevor er sie anzündete, schaute er mich an und fragte: „Was denkt Gott über das Rauchen?" Ich wiederholte den Satz, den ich schon in der Predigt gesagt hatte, nämlich dass es keine Sackgasse gäbe, aus der unser Herr Jesus uns nicht herausholen könne. Ich las den Vers aus Lukas 4, 18-19: „Der Geist des Herrn ist auf mir, weil er mich gesalbt hat,

Armen gute Botschaft zu verkündigen; er hat mich gesandt, Gefangenen Freiheit auszurufen und Blinden, dass sie wieder sehen, Zerschlagene in Freiheit hinzusenden, auszurufen ein angenehmes Jahr des Herrn." Darauf holte Jonathan seine Zigarettenpackung aus der Hosentasche und zertrampelte sie auf dem Boden. Fröhlich verabschiedete er sich von mir und ging zu seiner Familie.

Leider habe ich Jonathan seit seiner Bekehrung nicht mehr gesehen. Während ich mit ihm sprach, konnte ich heraushören, dass es für ihn sehr deutlich geworden sei, dass er den Kreis der Drogensüchtiger unbedingt verlassen müsse. In der Stadt Arad ist er nie wieder gesehen worden. Möglicherweise ist er mit seiner Familie in eine andere Stadt Israels gezogen oder sogar zurück nach Russland gefahren, wo er vor seiner Ausreise einen guten Job hatte.

Ich bin guten Mutes, was Jonathan betrifft. Seine Offenheit und Bekehrung zu Jesus vergesse ich nie. Wie auch immer seine Zukunft aussieht, eines weiß ich sicher: Jonathan hat verstanden, wer Jesus ist und was er für ihn getan hat. Wer so ein Wissen hat, für die gibt es Hoffnung, denn es steht geschrieben: „Schmecket und sehet, wie freundlich der Herr ist. Wohl dem, der auf ihn trauet!" Ps. 34,9 Jonathan hat geschmeckt, wie freundlich der Herr ist und das gehört zu den besten Erfahrungen, die man im Leben macht. Preist den Herrn dafür!

## Die Suche eines orthodoxen Juden

Eines Tages besuchte Efraim Solomonovitch einfach aus Neugier unseren messianischen Gottesdienst in Köln. Er fragte sich: Wieso besuchen Juden Gottesdienste, in denen Jesus Christus gepredigt wird. Es schien ihm ein gewaltiger Widerspruch zu sein. Er selbst war ein aktiver Mitarbeiter in der Kölner Synagogen-Gemeinde und kannte sich ausgezeichnet in der Thora (die fünf Bücher Mose) aus. Efraim war ein intelligenter und sehr offener Mensch, mit dem man sich gut über biblische Themen unterhalten konnte. Ich glaube, dass er zu uns kam, um Menschen jüdischer Herkunft zu ermutigen, an die Thora zu glauben, weil darin alles zu finden sei, um ein Gott gefälliges Leben zu führen. Solche Sätze hatte ich öfters von Dr. Efraim Solomonovitch gehört. Ein Jude brauche nicht irgendwelche Glaubensrichtungen aufzusuchen, wenn man die Thora hat, meinte er. Neu aber war es für ihn, dass wir außer des Neuen Testaments auch die Thora lieben, sie studieren und als Gottes Wort anerkennen. Trotz verschiedener Einstellung dem Neuen Testament gegenüber, ruhte unsere Freundschaft auf gegenseitiger Achtung und Freundlichkeit. Wir freuten uns immer wieder auf seinen Besuch.

Eines Tages besuchte uns Dr. Efraim Solomonovitch während der Feier eines jüdischen Festes, die ihn beeindruckte. Es war neu für ihn, dass die christlichen Feste wie Ostern, Pfingsten und Erntedankfest auf jüdischen Grundlagen[54] ruhen, deren Ursprung in der Thora in 3. Mose 23 zu finden ist.

Nach dem Fest kam er auf mich zu und bedankte sich, dabei sein zu dürfen. Die freundliche Atmosphäre, die jüdischen Lieder, freie Gebete und die Auslegung der Thora beeindruckten ihn. Nur dass wir mit der Auslegung der Schrift noch einige Schritte weiter gehen und in Jesus die Erfüllung der Prophezeiungen sehen, die Auffassung konnte er mit uns nicht teilen. „Ich habe gehört, wie Sie frei beten", äußerte er, „nämlich ohne ein schon im Vorfeld formuliertes und auswendig gelerntes Gebet zu beten. Würden Sie auch für mich beten?" Als er mit so einem Vertrauen und dieser Bitte sich an mich wandte, bot ich ihm sofort das Du an. Es fiel ihm aber schwer, das Du von mir anzunehmen. Er war für ihn eventuell einfach ungewöhnlich, einen geistlichen Leiter zu duzen. Dann nannte Dr. Solomonovitch sein Gebetsanliegen. Es war ein gesundheitliches Problem. Ich bat ihn, in ein Zimmer mitzukommen und betete für sein Anliegen.

Nach dem Gebet sah ich ihn etwa einen Monat nicht. Endlich, an einem Samstag, war er wieder da und erzählte mir fröhlich, dass der Allmächtige[55] auf das Gebet so geantwortet habe wie gebetet wurde. Seitdem war er fast jeden Gottesdienst in der messianischen Gruppe in Köln dabei.

Eines Tages sagte er im messianischen Gottesdienst, dass er im Verständnis der Bibel mit uns der gleichen Meinung ist. Nur er könne es nicht glauben, dass es ein ewiges Leben gibt. Moses habe darüber nicht gesprochen, meinte er. Dr. Efraim Solomonovitch hat nämlich die Thora durch studiert und keinen Satz über das Jenseits oder das ewige Leben gefunden. Selbst die von mir zitierte Bibelstelle: „Einen Propheten wie mich wird dir der Herr, dein Gott, erwecken aus dir und aus deinen Brüdern; dem sollt ihr gehorchen" aus Mose 18, 15 konnte ihn nicht überzeugen. Er sagte, es waren viele starke Propheten wie Moses. Vorerst blieb er bei seiner Meinung.

Etwa nach einem Jahr kam Dr. Efraim Solomonovitch ins Krankenhaus mit Herzbeschwerden. Er war gesundheitlich so stark angeschlagen, dass er eine Gehilfe brauchte, um zum Waschbecken oder sonst wohin zu gehen. In einer Nacht wollte er wiederum ins WC gehen. Während der Kranke versuchte, seinen Rollator[56] am Griff zu fassen, rutschte seine Hand aus und er fiel. „Es ist aus mit mir", dachte Efraim, weil er auch noch auf die linke Seite fiel. Doch im letzten Moment ergriffen zwei Krankenschwestern seine Hände und hoben ihn auf. „Sie waren sehr freundlich zu mir", erzählte er später. Lange konnte Dr. Solomonovitch nach diesem Ereignis nicht einschlafen. Morgens fragte er seinen Zimmernachbarn, ob er etwas über seinen Sturz in der Nacht mitbekommen habe. Dieser verneinte es. Danach ging Dr. Solomonovitch zur Abteilungsstation, um sich bei den freundlichen Krankenschwestern zu bedanken, und fragte nach dem Nachtpersonal.

Ein junger Mann kam auf ihn zu und fragte: „Was wünschen Sie, ich war in dieser Nacht im Dienst." Dr. Efraim Solomonovitch konnte das zunächst nicht einordnen, nämlich zwei freundliche Krankenschwestern hatten ihm nachts geholfen. Darüber bestand kein Zweifel. In der Wirklichkeit aber hatte ein junger Mann afrikanischer Herkunft in der Nacht Dienst. Wer waren dann die Beiden? Woher kamen sie? Sie hatten ihn möglicherweise vor dem Tod gerettet. Und die konnten sogar russisch[57] sprechen.

Nach der Entlassung aus dem Krankenhaus kam Dr. Efraim Sonntag zum christlichen Gottesdienst[58], der in russischer Sprache ablief. Er bat darum, ein Zeugnis erzählen zu dürfen. Daraufhin schilderte er, was er in jener Nacht im Krankenhaus erlebt hatte. Durch dieses Ereignis habe ihm Gott gezeigt, dass es ein übernatürliches Leben gibt. „Ich kann es nicht anders erklären", sagte er, „als dass Gott seine Engel in der Nacht zu mir geschickt hat, um mir bei meinem Sturz zu helfen und gleichzeitig mich zu überzeugen, dass es ein Jenseits nach diesem irdischen Leben gibt. Seitdem wurde er viel offener dem Neuen Testament und der messianischen Literatur gegenüber. Gerne las er die Bücher von Prof. Dr. Werner Gitt[59], besonders begeisterte ihn das Buch „Wenn Tiere reden könnten". Er besuchte regelmäßig nur noch unsere Gottesdienste und sah sich als Teil unserer messianischen Glaubensgemeinschaft. Wir sahen ihn auch als einen von uns an. Gerne genoss Dr. Solomonovitch die Gemeinschaft innerhalb unserer messianischen Gemeinde. Mit uns feierte er auch seine Geburtstage, zu denen auch seine Ehefrau gerne mitkam. Sie war eine Holocaust-Überlebende. Trotz der unbegreiflichen Leiden, die sie in ihrer Kindheit erlebt hatte, zeigte sie keine Bitterkeit Gott gegenüber. Sie zeigte sogar eine gewisse Offenheit für Jesus. Als Peter Enns[60] ihr eine Bibel auf CD schenkte, nahm sie das Geschenk dankbar an.

Doch obwohl Dr. Efraim Solomonovitch das Neue Testament las und viele Erkenntnisse über Jesus gesammelt hatte, stand er in der Versuchung, Verräter seines jüdischen Glaubens zu werden, wenn er sich öffentlich zu Jesus bekannte.

Als Dr. Efraim Solomonovitch älter und schwächer wurde, kam er in ein jüdisches Altenheim. Immer wieder freute er sich, wenn ich oder jemand von meinen Mitarbeitern ihn besuchte. Auch seinen letzten Geburtstag feierten wir bei ihm im Altenheim. Bei den Besuchen las ich ihm gewöhnlich einen Abschnitt aus der Bibel und betete mit ihm. Das Gleiche tat auch Peter Enns, er betete mit ihn, ermutigte ihn und wenn die Haare zu lang waren, schnitt er ihm die Haare. Die volle Bibel, nämlich das Alte und Neue Testament, hatte Dr. Efraim Solomonovitch bis zum letzten Augenblick bei sich dabei. Durch meine Reise nach Israel war ich verhindert, in den letzten Wochen seines Lebens an seiner Seite zu sein. Ob er sich völlig für Jesus geöffnet hatte, bleibt für mich ein Geheimnis. Eventuell war er ein geheimer Jünger Jesu. Die Ewigkeit wird uns diese Frage offenbaren. Trotz der Ungewissheit über Dr. Solomonovitch's Entscheidung für Jesus, bin ich froh, dass ich so einen liebevollen und suchenden Menschen in meinem Leben begegnet bin. Der Herr gab mir und meinen Mitarbeitern die Möglichkeit, Dr. Efraim Solomonovitch mit Liebe zu begegnen und ihm die heilbringende Gnade durch Jesus an Hand der Heiligen Schrift zu bezeugen. Dafür bin ich Gott von Herzen dankbar.

## Ein Fachmann der Metallindustrie wird Forscher der biblischen Chronologie

Auf der Flucht vor dem Antisemitismus kam Viktor Nachman als kleines Kind mit seiner Mutter ins Uralgebiet. Da verbrachte er seine Kindheit und Jugendzeit. Nach dem Schulabschluss mit einer Auszeichnung[61] studierte er an der Uni. Anschließend wurde Viktor ins Labor übernommen, in dem es um die Herstellung von Blattstahl für die Produktion von LKW's ging. Nach der Gründung der Familie zog Viktor mit seiner Familie nach Dnipropetrowsk[62], wo seine Schwiegereltern lebten. In Dnipropetrowsk ging Viktor seinem erlernten Beruf nach und begann seine Tätigkeit als Ingenieur im Werk „Hersteller von Eisenbahnrädern". Als Spezialist der Metallindustrie arbeitete er die letzten 29 Jahre seines Berufslebens an der Entwicklung und Herstellung von Metallrädern für die Lokomotiven. Weil die Ex-Sowjetunion sich über ein großes Territorium mit verschiedenen Klimazonen erstreckt, brauchte man Metallräder[63] für die Loks und Güterwaggons, die in Turkmenien die Belastung der Hitze und in Sibirien die Kälte vertragen könnten. 22 Jahre arbeitete Viktor als Chefingenieur auf diesem Gebiet. Auf sein Entwicklungskonto gehen 39 Erfindungen und einige Patente.

Als in der Sowjetunion die Zeit der Perestroika kam, änderte sich vieles in Viktors Leben. Die Angst vor dem zunehmenden Antisemitismus und auch die politischen Veränderungen im Lande veranlassten Viktors Familie sich über die Zukunft Gedanken zu machen. Viele jüdische Ex-Sowjetbürger begannen, das große Land zu verlassen. Viktors Familie wählte Deutschland als Zufluchtsort. Für Viktor selbst war es eine sehr schwere Entscheidung. Er fühlte sich so sehr verbunden mit seiner Arbeit als Chefingenieur in der Erzeugung von Eisenbahnrädern, dass er es sich nicht vorstellen konnte, diese Arbeit zu verlassen. Zu dem Zeitpunkt war er sogar bereit, sich von der Familie zu trennen auf Kosten der Familie. Er formulierte seiner Familie sogar eine schriftliche Genehmigung: „Ihr könnt fahren, aber ich bleibe." Doch seine Familie ließ nicht locker: „Papa, du gehörst zu uns und wir fahren zusammen!" So kam Viktor an seinem 60. Geburtstag als Flüchtling nach Deutschland[64], weggerissen von seiner geliebten Arbeit in der Ukraine.

Herausgerissen aus der vertrauten Umgebung, begann in Viktors Leben ein neuer Lebensabschnitt. Als ehemals sehr geschätzter und beliebter Chefingenieur, befand er sich plötzlich in einer ganz anderen Situation. Keine Arbeit, keine Deutschkenntnisse und kein Freundeskreis. Viktor versuchte in einem Eisenwerk Arbeit zu finden, aber es klappte nicht. Sein Alter und die fehlenden Deutschkenntnisse sprachen gegen ihn. So bewarb er sich erneut in der Firma mit dem großzügigen Angebot, ohne Bezahlung zu arbeiten. Aber auch dafür bekam er eine Absage. Entwurzelt und von Depressionen geplagt, suchte er seinen Platz in der neuen Heimat.

Eines Tages kam Viktor in den Sinn, dass er musikalisch ist und vor vielen Jahren gerne gesungen hat. Auf der Suche nach einem Chor wurde er zunächst fündig in der katholischen Kirche. Aber singen in Deutsch war für ihn nicht einfach. Nach einer Zeit hörte er von einer anderen Möglichkeit, nämlich dass in der Freikirche Köln-Ostheim Gottesdienste auch in russischer Sprache gehalten werden und der Gesang auch in Russisch ist. Viktor nahm die neue Möglichkeit gerne in Anspruch. Jetzt, da er den Inhalt der Lieder verstehen konnte, wurde ihm immer deutlicher, dass es hier um Gott geht. Er kaufte sich eine Bibel und begann sie zu studieren. Das Lesen der Bibel blieb nicht ohne Frucht.

*„Die Heiligen Schriften, die bis dahin aus vielfältigen Gründen brach lagen, sprachen nun mehr als alles andere mein Herz an. Je länger ich in der Bibel und dann auch in den TaNaCh in der russischen Übersetzung nach Josiphon gelesen habe, desto mehr verstand ich, dass mein Inneres den Allerhöchsten anrufen muss,*

*von dem alles ausgeht und zu dem alles führt. Dies führte zur Einsicht, dass es ganz entscheidend ist, die Tiefen der Absichten Gottes mit den Menschen insgesamt und mit mir persönlich zu begreifen[65]".*

Viktor, der früher als hoch qualifizierter Spezialist Jahrzehnte in der Vorsehung und in der Entwicklung der Eisenindustrie gearbeitet hatte, begann jetzt mit der gleichen Leidenschaft in der Bibel zu forschen. Nach einer kurzen Zeit öffnete er sich Gott und nahm Jesus als Herrn und persönlichen Erretter in sein Leben an. Er wurde ein Gotteskind. Halleluja!!! Seit der Gründung des jüdischen messianischen Kreises in den Räumen der Freikirche Köln-Ostheim ist Viktor immer dabei. Gerne besucht er die Gottesdienste und fast an jedem Sabbat gibt er ein Zeugnis über die neuen Erkenntnisse, die er beim Lesen der Bibel gefunden hat.

Als Viktor als Chefingenieur in der Ukraine arbeitete, wurde er als Viktor Nikolajevitsch angesprochen. Dabei hieß sein Vater Naum. Beim Lesen der Bibel entdeckte Viktor eine angenehme Überraschung, nämlich dass den Namen seines Vaters auch ein biblischer Prophet trägt. Es gibt in der Bibel sogar ein Dorf[66], das den Namen Naum trägt. Der Glaube an Gott und die vielen interessanten Entdeckungen in der Bibel förderten unter anderem auch Viktors jüdisches Selbstbewusstsein. Ihm wurde klar, dass er ein Sohn des auserwählten Volkes ist und dass Gott für ihn eine bestimmte Aufgabe hat. Gerne wollte er für den Herrn etwas tun.

Viktor Naumovitsch fiel auf, dass sich die christliche Zeitrechnung von der der jüdischen stark unterscheidet. Wir leben zum Beispiel am Tag des Schreibens dieser Zeilen am Dienstag, den 7. März 2017 und die Juden am 9. Adar 5777. 4000[67] Jahre sind es bei uns von der Erschaffung der Welt bis Christus und 2017 nach Christus. Zusammen sind es 6017 Jahre. Wir leben also im siebzehnten Jahr des siebten Jahrtausends. Die Juden aber schreiben heute den 9. Adar 5777. Nach der jüdischen Zeitrechnung sind es von der Erschaffung der Welt bis zum Jahr 2017 5777 Jahre. Das ergibt eine große Differenz. 6017 Jahre Weltzeitrechnung – 5777 Jahre jüdische Zeitrechnung = 240 Jahre Unterschied. Wir haben die jüdische Zeitrechnung um 240 Jahre überholt.

Viktor machte es sich zur Aufgabe, die Unterschiede in der Zeitrechnung zu analysieren. Wo liegt der Fehler - in der jüdischen oder in der christlichen Chronologie? Es können doch nicht beide Recht haben. Bei der Betrachtung des Alten Testamentes fiel Viktor auf, dass: *„ein Teil der traditionellen Ansichten über die Chronologie nicht aus den Texten des TaNaCH (Altes Testament) entnommen wurde, sondern aus anderen Quellen stammt. Traditionen können durchaus wertvoll sein, doch müssen diese immer mit der göttlichen Wahrheit verglichen werden, wenn man nicht in die Irre gehen will[68]“*.

Aus der Überzeugung heraus, dass nur auf Grund des in der Bibel angegebenen Materials wie Zahlen, Jahrwochen, Jubiläumsjahre und andere Zeitangaben eine lückenlose Chronologie möglich ist, stellte Viktor sich dieser Aufgabe. Er nahm sich vor, darüber Bücher zu schreiben, und es entstand eine langjährige Arbeit.

*„In dieses Werk sind neun Jahre des Nachdenkens eingeflossen, die von vielfachem Lesen des Wortes Gottes und häufigen Bitten an den Allerhöchsten um Gnade der Erkenntnis der göttlichen Chronik begleitet wurden."*[69]

Gott sei Dank, Viktors Wunsch ging in Erfüllung. An Hand der Bibel ist es ihm gelungen, die Chronologie des Alten Testamentes aufzustellen. Folgendes schreibt Prof. Dr. Werner Gitt im Vorwort des Buches:

*„Der Autor (Victor Nachman – Pseudonym) hat mit großem Fleiß und akribischer Sorgfalt die Zahlenangaben in den Stammbäumen, in den Registern der Patriarchen, der Könige und den Stammesgeschichten analysiert und das Ergebnis in einer reichhaltigen Sammlung von farbigen Grafiken festgehalten… . All die Grafiken legen ein beredtes Zeugnis davon ab, wie alle Personen und Ereignisse der Bibel ihren festen Platz in Raum und Zeit haben. Damit weist sich die Bibel als authentische historische Quelle aus, der man vorbehaltlos vertrauen kann. Da die biblische Chronologie ebenso den Spiegel der Wahrheit trägt, wie alle sonstigen Aussagen der Bibel, ist die vorliegende Arbeit nicht nur eine Alternative zu den Jahrmillionen der Evolution, sondern eine deutliche Absage an alle*

*säkularen Welt- und Lebensentstehungstheorien mit ihren nicht nachvollziehbaren Zeitvorstellungen"*[70]

Zum 80. Geburtstag von Viktor ist sein erstes Buch über die Chronologie der Heiligen Schrift erschienen. Die 80 Jahre beinhalten nach Viktors Aussage zwei Leben:

*„Das erste Leben ist das technisch-berufliche Leben. Dazu gehört das Hochschulstudium und 40 Berufsjahre im Bereich der Metallverarbeitung. Das zweite Leben, das vor etwa 20 Jahren begonnen hat, ist vom Bewusstsein geprägt, das Wesentliche verpasst zu haben und von dem Verlangen getrieben, das Versäumte aufzuholen: den Heilsplan Gottes und die Liebe des himmlischen Vaters zu der von ihm erschaffenen Menschheit zu erfassen, wie geschrieben steht: Denn also hat Gott die Welt geliebt, dass er seinen eingeborenen Sohn gab, auf dass alle, die an ihn glauben, nicht verloren werden, sondern das ewige Leben haben."* Joh 3,16[71]

Seit etwa 17 Jahren kenne ich Viktor. Vieles durfte ich in seinem geistlichen Wachstum miterleben und auch den 9-jährigen Weg seines Buchschreibens begleiten. Immer wieder war ich erstaunt, mit welcher Hingabe und Fleiß Viktor das Ziel verfolgte. Eines Tages wurde sein Laptop mit den seit Jahren ausgearbeiteten Informationen geklaut. Ich dachte: „Das ist das Ende. Von diesem Verlust wird er sich mental nicht erholen können." Doch es ging weiter. Es fanden sich Christen, die ihm einen gebrauchten

Laptop schenkten und Viktor legte erneut mit der Forschung los. Später gab es einen Wasserschaden in Viktors Wohnung. Die Wände und der Fußboden waren so nass, dass man einiges aus der Wohnung räumen musste. Nach der Reparatur der Wasserleitung musste man noch längere Zeit die Wohnung mit Geräten trocknen. Der ganze Stress wirkte sich negativ auf Viktors Gesundheit aus. Doch sobald es ihm gesundheitlich wieder besser ging, setzte er seine Arbeit unermüdlich fort. Preist den Herrn, das Buch ist fertig!

Als Viktor nach Deutschland kam, litt er stark unter dem Verlust seiner Arbeit als Chefingenieur. Im Nachhinein sagte er mir, dass die Arbeit in der Metallbearbeitung sein „Gott" war. Sie war alles für ihn. Wichtiger sogar als seine Familie. Mit dem Glauben an Jesus hat sich alles in seinem Leben verändert. Viktor sagt: „Ich danke meinem himmlischen Vater dafür, dass er mir geholfen hat, meine Rolle in meinem irdischen Leben tiefer zu verstehen und preise ihn für mein Volk, das er für sich erwählt hat."[72]

Dieses wahre Zeugnis belehrt uns einmal mehr, was der Glauben an Gott aus einem Menschen machen kann. Viktor war Jahrzehnte entfernt vom Glauben an Gott. Zeitlicher Erfolg und Materialismus prägten sein Leben. Als er sein Herz für Jesus öffnete, öffneten sich auch neue Perspektiven für sein Leben. Aus einem Deprimierten und aus der vertrauten Umgebung entwurzelten Ex-Chefingenieur hat Gott einen unermüdlichen Forscher der Heiligen Schriften gemacht. Preist den Herrn!

## Wunder im Leben von Neriyah

Mein Name ist Neriyah Arabov. Ich lebe in Bat Yam, Israel, und leite eine messianische Gemeinde in meiner Stadt. Meine Frau Anna und ich haben sechs Kinder, die momentan alle noch zur Schule gehen. Ich wurde nicht in Israel geboren, sondern wuchs in der ehemaligen Sowjetunion auf. Als ich 17 war, zogen meine Eltern und ich, ohne genau zu wissen warum, nach Israel. Im Nachhinein verstehe ich unseren Umzug als Teil von Gottes Plan für unser Leben. Ich sehe, wie Gott sein Volk erneuert und bin glücklich, Teil dieser Erneuerung zu sein.

### Der erste Teil der Erneuerung: Das Land

Als ich zum ersten Mal nach Israel kam, verliebte ich mich in das Land. Das Erste, was mein Herz berührte, war dieses unglaubliche Gefühl von Patriotismus bei jedem, den ich kennenlernte. In der ehemaligen Sowjetunion war mir dieses Gefühl fremd. Kurz nach dem Umzug wurde mir zum ersten Mal bewusst, dass Israel mein Zuhause auf dieser Erde sein sollte und dass es in meiner Verantwortung lag, darauf aufzupassen. Als einziger Jude in meiner usbekischen Schule, stach mein Name Neriyah, umgeben von lauter Maschas, Saschas und Paschas, absolut hervor. Ich war auch in vielen weiteren Aspekten anders. Meine Haut war dunkler als die meiner Klassenkameraden und mir war es nicht erlaubt, außerhalb von Zuhause zu essen, da unsere Familie sich an koscheres Essen hielt. Stellt euch diesen zusätzlichen Segen vor, als ich in Israel ankam und mir klar wurde, dass ich nie wieder als schmutziger Jude von meinen Landsleuten beschimpft werden würde. Von da an wurde ich nicht mehr wegen meiner Rasse oder meines Glaubens schikaniert.

## Der zweite Teil meiner Erneuerung: die Menschen

Als ich in die Israelische Armee eintrat, wurde meine Verbindung zu den Menschen in Israel weiter erneuert. Ich lernte die Sprache und Kultur nun in vollem Umfang und das Gefühl, in der Minderheit zu sein, lag hinter mir. Ich lernte einen russischen Mann kennen, der mir erzählte, dass Jesus aus Nazareth der Messias für Israel ist. Zu diesem Zeitpunkt sah ich mich selbst als orthodoxer Jude. Jedoch erkannte ich in unseren Gesprächen, dass ich die Bibel nicht wirklich kannte. So begann ich die Bibel mehr zu lesen, um meinem neuen Freund aufzuzeigen, dass er mit Jesus falsch lag.

## Der dritte Teil der Erneuerung: Gott

Beim Bibellesen schmolz mein Herz. Mir wurde bewusst, dass ich ein Sünder und Gottes Gnade und seiner Güte unwürdig war und dass ich derjenige war, der falsch lag – nicht mein Freund. Als ich zum ersten Mal einen messianischen Gottesdienst besuchte, waren dort ungefähr 12 Teilnehmer. Der Pastor predigte zweimal wöchentlich, Mittwochs und Samstags. Jedes Mal, wenn ich kam und ihm zuhörte, wies er mich in seiner Predigt zurecht. Ich fragte mich ständig, wie dieser Fremde so viel über mich und meine Sünden wusste. Nach einiger Zeit kam er zu mir und fragte, ob ich zu Gott betete. Ich sah mich selbst als Jude und antwortete, dass ich die Texte aus dem Buch betete. Der Pastor ermutigte mich, mit Gott direkt so zu reden, wie ich es mit meinem irdischen Vater tun würde.

## Das erste Wunder: der Glaube

Eines Tages saß ich zu Hause und las in der Bibel. Traurig bat ich Gott, mir die Wahrheit über eine persönliche Problemsituation zu zeigen, die sonst niemand kannte. Und er tat es! In meinem Herzen dachte ich, dass es Zufall gewesen sein musste. Aber er zeigte mir die Wahrheit nochmals! Ich fiel auf meine Knie und zum ersten Mal in meinem Leben betete ich direkt zu Gott. Ich sagte etwas sehr Einfaches: „Gott, vergib mir meinen Unglauben! Ich will dein sein und du mein Gott." Bevor ich betete, hatte ich die Befürchtung, dass meine Jesus-Nachfolge mich in den Minderheitsstatus von damals in der Sowjetunion zurückversetzen würde. Aber nachdem ich gebetet hatte, war diese Angst weg. Nach diesem ersten Gebet ging ich sofort zur Bibelschule „King of Kings" in Tel Aviv. Teil des Lernplans war es, das Evangelium an Israeliten weiterzugeben. Ich tat es gerne und tue es immer noch gerne. Während dieser Zeit traf ich auf einen traditionellen Rabbi, dem ich mein Zeugnis erzählte. Er hörte mir zu, als ich ihm all diese Verse, die ich über den Messias kannte, sagte: Jesaja 53, Daniel 9,24-27 usw. Nachdem er die Kontaktdaten meiner Familie in Erfahrung gebracht hatte, übermittelte er die Einzelheiten unserer Unterhaltung an meine Verwandten und geliebten Menschen. Kurz darauf stellten sie sich alle gegen mich und meinen neuen Glauben. Ich begann, zu Gott um Befreiung von den Unruhen in meinem Zuhause und meiner Familie zu beten.

## Das zweite Wunder: Amerika

Einige Zeit später besuchte mich Dr. Mitch Glazer von "Chosen People Ministries" in Israel. Er lud mich ein, in die USA zu ziehen und an einem Bibelschulprogramm teilzunehmen. Ich sagte sofort zu, obwohl ich noch nicht mal englisch sprechen konnte! Aber Mitch versicherte mir, dass ich englisch genauso schnell lernen konnte, wie ich hebräisch gelernt hatte. Er hatte Recht. Nach einem Jahr in den USA begann ich sogar die amerikanischen Witze zu schätzen! Letztendlich erhielt ich einen Abschluss von der Bibelschule in Philadelphia. Die USA gefielen mir. Ich wollte bleiben – weit weg von den Konflikten, die das Leben in Israel so mit sich bringen können – aber Gott rief mich nach Hause nach Israel auf seine einzigartige Weise (wie er es oft tut). Ein Problem trat auf. Wegen totalen Nierenversagens musste ich zur medizinischen Versorgung zurück nach Israel. Als ich dann in Israel war, heiratete ich eine wundervolle Frau und gründete eine Familie.

## Das dritte Wunder: die Niere

Als ich nach Israel zurückkehrte, wurde ich Ältester in der Gemeinde, in der ich gläubig geworden bin. Die Gemeinde wuchs enorm und ich betete ununterbrochen für die Heilung meines Körpers. Ich fragte Gott, warum nach vier Jahren des Studiums in den USA und mit einer wachsenden Gemeinde es ganz so schien, als wollte er mich zu sich in den Himmel rufen. Ich hoffte, dass ich eines Tages mit einer voll funktionierenden Niere aufwachen würde. Eines Tages kam die Antwort. Cynthia Barnett, eine Frau aus Monroe, Michigan (USA) spürte den Ruf, nach Israel zu kommen und mir eine Niere zu spenden. Preis sei Gott – unsere Gewebsverträglichkeitsmerkmale stimmten komplett überein.

Ein Jahr später, im Juli 2005, brachte Anna ein wunderschönes Mädchen zur Welt. Wir nannten sie Cynthia. Leider hörte die Niere, die Cynthia mir gespendet hatte, 2011 auf zu funktionieren. Mir tut es nicht leid und ich bin auch nicht traurig. Gott hat vieles in diesen sechs wundervollen Jahren vollbracht. Anna und ich nahmen 2010 zwei junge Mädchen aus Eritrea auf, die seither bei uns leben. Sie sprechen fließend russisch und hebräisch, weil wir zu Hause beide Sprachen sprechen. Anna und ich starteten im Januar 2012 eine neue Gemeinde in unserer Nachbarschaft. Alle unsere Mitglieder leben in unmittelbarer Nähe, sodass sie fußläufig zu unseren Gottesdiensten kommen können. Viele Jahre gehörten wir zu einer Gemeinde in Tel Aviv und pendelten jede Woche hin und her. Nun dienen wir unserer unmittelbaren Nachbarschaft auf neue und wundervolle Weise. Wir verteilen Essenspakete an bedürftige Familien. Wir bieten kostenlose Touren zu den heiligen Stätten an, um das Evangelium zu predigen. Wir kümmern uns um die Überlebenden des Holocausts in unserer Stadt. Wir sehen immer wieder die Früchte von unserem Dienst.

Vor nicht langer Zeit tauften wir sieben Menschen und zur Zeit nehmen vier weitere Personen an den Vorbereitungskursen zur Taufe teil. Die Menschen in meiner Gemeinde beten immer wieder für meine Gesundheit, weil ich dreimal die Woche in Dialysebehandlung bin. Die Tatsache, dass Gott mich trotz meiner Schwachheit gebraucht, ist ein enormes Wunder und ein weiteres Wunder ist unterwegs! Letztes Jahr kam ein koreanischer Pastor aus New Jersey (USA) nach Israel, mit dem Wunsch, mir seine Niere zu spenden. Zu dem Zeitpunkt war ich für eine Nierentransplantation nicht in der Lage, aber nun werden unsere Gewebsverträglichkeitsmerkmale, so Gott will, kompatibel sein.

In Jesu Liebe, Neriyah, Anna, Baruch, Sarah, Cynthia, Yakov, Xanett and Susanna Arabov

# Tom Mayr-Loris' Weg zum Messias

Die Mayr-Loris, eine orthodox-jüdische Familie, kam 1938 auf der Flucht vor Hitlers Deutschland nach Israel. Sie brachten zwei Kinder aus Deutschland mit und das dritte Kind Tom wurde in Israel geboren. Das ist Toms Geschichte.

### Erwachsen werden im Exil

In Europa brach der 2. Weltkrieg aus und in Nordafrika breitete sich der Afrika Korps weiter östlich Richtung Israel aus (oder Palästina, wie es damals bekannt war). Die britische Regierung evakuierte alle „fremden" Juden nach Uganda mit dem Ziel, dort ein jüdisches Heimatland zu gründen. Wir waren eine von vielen Hundert Familien, die in das Lager Entebbe zogen. Als nach dem Krieg klar wurde, dass der Aufteilungsplan für Palästina umgesetzt werden würde, erhielten wir die Möglichkeit, zurückzugehen oder da zu bleiben, vorausgesetzt wir würden die britische Staatsbürgerschaft annehmen. Meine Eltern und viele andere jüdische Familien entschieden sich zu bleiben und so wuchs ich in der jüdischen Gemeinschaft in Uganda auf. Dort behielten wir die Feste und hohen Feiertage bei und ich feierte meine Bar Mitzvah. Viele Jungs an meiner Schule verhielten sich mir gegenüber neutral oder feindselig, aber zwei wurden meine Freunde. Sie waren sehr aufrichtige Christen und so begann ich zu verstehen, dass nicht alle Heiden uns Juden hassten und dass es einige Christen gab, die sich komplett von anderen unterschieden.

Nach meinem Schulabschluss wurde ich in die britische Armee aufgerufen. Als ich dort gegen Ende Januar ankam, tobte ein Schneesturm und ich bekam einen echten Kulturschock. Aber der Winter verging und der Frühling kam und ich begann mich mit meinen Soldatenkameraden anzufreunden. Als die Zeit für meine Demobilisierung kam, entschied ich mich dazu, Berufssoldat und somit ausgebildeter Ingenieur zu werden.

## Die Realität des Krieges

Später, als ich Freiwilliger in der israelischen Armee (IDF) war, brach der 6-Tage-Krieg aus und versetze mir einen Schock, als Männer in ihren Tanks starben. Ich hatte plötzlich schreckliche Angst vor dem Tod. Ich wusste, dass ich nicht vor einem heiligen Gott, dem Gott aus meiner Kindheit und Gott meiner Väter, bestehen könnte. Ich fing an, Gebetsriemen zu tragen, zur Synagoge zu gehen und dem Rabbi zuzuhören, aber nichts davon gab mir Frieden von meinen Ängsten und schlaflosen Nächten. Am Ende verließ ich die Arme.

## Die Suche nach Frieden

Ich ging nach Reading, wo ich die Eltern meines Schulfreundes von damals traf. Sie luden mich zu sich nach Hause ein und innerhalb einer Stunde gaben sie mir einen Schlüssel zu ihrem Haus und sagten: „Hier ist Kaffee und Tee. Milch ist im Kühlschrank und es gibt ein Gästebett im Obergeschoss. Wenn du mal in der Gegend sein und eins brauchen wirst, komm einfach rein und mach es dir bequem. Wir lieben dich um Jesu Willen." Das berührte mich sehr. Ich hätte ein Dieb oder sonst was sein können, sie kannten mich ja nicht (außer aus den Schuljahren damals). Ihre Taten sprachen lauter als alle Worte. Zweimal monatlich fuhr ich nach Stamford Hill, um den Sabbat mit der Familie Lubavitch zu verbringen. Ich suchte immer noch nach Frieden und hielt mich an die Gebote, um den Frieden zu finden, aber je mehr ich mich bemühte, umso frustrierter wurde ich. Ich fand ihre Traditionen total nutzlos und die stundenlangen Gespräche führten zu keinem Ergebnis. Ich sehnte mich danach, dazuzugehören, aber ich konnte einfach keinen Bezug zu dem Sinn dieser Treffen aufbauen. Zur gleichen Zeit luden mich meine christlichen Freunde in die Kirche ein, aber selbstverständlich habe ich als Jude abgelehnt. Ich erinnere mich an ein Treffen in ihrem Haus, als ich ganz empört war, dass sie über Abraham, UNSEREN Patriarchen, lasen. War ihr Jesus ihnen nicht genug? John, mein Freund, fragte mich: „Was sagt ihr an jedem Sabbat?" Ich antwortete: „Schma". „Das ist richtig, es gibt nur einen wahren Gott, den Gott Abrahams, Isaaks und Jakobs. Wir Heiden haben das Privileg, euren Gott anzubeten, den einzig lebendigen Gott und ihn als unseren Vater zu kennen." Ich verstand es zwar nicht, aber mir wurde klar, dass ich Gott nicht als meinen Vater kannte. Je frustrierter ich über meine Besuche nach Stamford Hill wurde, desto mehr freute ich mich auf die freundlichen Einladungen in das Zuhause meiner gläubigen Freunde. Letztendlich war mein Wunsch, Gott zu suchen, so groß, dass ich anfing, in ihre Kirche zu gehen. Ich war mir meiner eigenen Fehler im Leben schmerzlich bewusst und verstand, dass das Einhalten der Gebote völlig unzulänglich war, um diese Fehler zu überwinden. Ich war im Geiste geplagt, aber konnte dieser Kirche nicht fernbleiben.

### Die Realität des Friedens

Im darauf folgenden Sommer fuhren viele junge Leute, einschließlich John, seiner Familie und mir, zu einer christlichen Versammlung in Keswick. Dort brachte mich Gott ganz zu Beginn der Konferenz wirklich zu sich. Ich fühlte mich, als sei ich der Einzige im ganzen Zelt, und die Gegenwart Gottes ergriff mich, als ich die Wahrheit erkannte. Ich fand einen ruhigen Platz und las die Worte des Neuen Testaments: „Wenn wir unsere Sünden bekennen, ist er treu und gerecht und vergibt uns unsere Sünden und reinigt uns von aller Ungerechtigkeit." (1. Joh. 1,9)

Diese Woche war ausschlaggebend für mein Leben. Ich ging von dort mit der Gewissheit, dass ich Gott kannte und mit einer Freude in meinem Herzen, die mich niemals verlassen hat, obwohl ich durch viele Prüfungen gegangen bin und Leid erfahren habe.

## Frieden schenken

Ich glaubte, dass ich für den Rest meines Lebens Gott im Mittelpunkt behalten und sein Werk verrichten sollte. Ich sprach Suaheli und kannte Ostafrika ziemlich gut, sodass ich den darauf folgenden Sommer mit einer Studentengruppe für drei Monate nach Kenia ging. Unser Ziel war es, ein Krankenhaus für das Tukana-Volk in Kalokol zu bauen, das einen ganzen Fahrtag weit weg von jeder Stadt lag. Das war eine wunderbare Zeit für mich und ich war mir besonders Gottes Gnade bewusst, aber gleichzeitig wurde mir klar, dass ich weitere Schulungen benötigte, wenn ich diese Arbeit weiterführen wollte. Dies wurde bestätigt durch einen Text aus Esra 7,10: „Denn Esra hatte sein Herz darauf gerichtet, das Gesetz des HERRN zu erforschen und zu tun und in Israel die Ordnung und das Recht des HERRN zu lehren."

Nach meiner Rückkehr nach England bewarb ich mich an der Bibelschule in Birmingham, wo ich die nächsten drei Jahre verbrachte. Zu diesem Zeitpunkt hatte ich meine zukünftige Ehefrau Esmé schon kennengelernt, aber wir heirateten erst 1976. Die Sommer über ging ich mit „Operation Mobilisation" auf evangelistische Reisen nach Österreich. Dort lernte ich viele jüdische Familien kennen und so erkannte ich, dass, obwohl ich nach Afrika gehen wollte, es notwendig war, meinen eigenen Leuten von meinem Messias zu erzählen. 20 Monate verbrachte ich in Israel und nutzte meine Ingenieursfähigkeiten, um Röntgengeräte in einem Krankenhaus zu installieren und zu warten. Ich entwickelte Interesse dafür und qualifizierte mich als Röntgentechniker.

Während meiner Zeit in Israel hatte ich die Möglichkeit, den Freiwilligen aus den umliegenden Kibbutzim Fakten- und Glaubensfilme zu zeigen. Dies führte zu Diskussionsgruppen, an welchen sich einige Kibbutzim-Mitarbeiter beteiligten. Junge Israeliten, die materialistisch aber gleichzeitig offen für Gespräche und Gedanken über ewige Themen waren. Ich setzte meine Arbeit als Röntgentechniker fort und suchte nach Möglichkeiten, die Gute Nachricht unseres Messias mit meinen eigenen Leuten zu teilen. Ich engagierte mich in einer Gruppe, die heute als „Die Britische Messianisch-Jüdische Allianz" bekannt ist. Das ist eine Organisation, die von Jesus gläubigen Juden geführt wird und die sich gegenseitig ermutigen. 1984 öffnete der Herr den Weg für meine Arbeit als Evangelist mit „Messianic Testimony", zuerst in England und später in Europa.

Ich schaue auf viele Jahre zurück und danke dem Gott Abrahams für seine Treue an mir und an uns allen bei „Testimony". Ich preise ihn dafür, dass er die Juden von der Dunkelheit ins Licht und von der Macht des Teufels zu der Macht Gottes geführt hat. Ich preise ihn dafür, dass er uns die Gewissheit über die Vergebung unserer Sünden gegeben hat und einen Platz bereitet hat bei denjenigen, die geheiligt worden sind durch Gnade. Ich vertraue darauf, dass er uns halten wird bei allem, was noch vor uns liegt.

Eines Tages erzählte mir Tom, dass Gastfreundlichkeit ein größerer Segen sein kann. Er wurde ja in eine christliche Familie eingeladen, die ihm viel vertraut hat. Er durfte sehen, wie Christen leben und erfahren wie sie denken. Einmal wurde er zu Mittag eingeladen. Bevor man zum Tisch kam, machte der Hausvater einige negative Bemerkungen in einem nicht freundlichen Ton seiner Tochter gegenüber. „Wieder", sagte er, „hast du hinter dir nicht aufgeräumt, einfach alles liegen gelassen." Tom reagierte nicht darauf. Dass bei den Eltern die Geduld nicht reicht bei der Erziehung der Kinder, hatte er schon überall erlebt. Bevor aber alle mit dem Essen beginnen wollten, sagte der Vater zu der Tochter: „Mein liebes Kind, ich bin wieder zu lieblos zu dir gewesen, vergib es mir." Anschließend wurde gebetet und gegessen. „Die Versöhnungshandlung des Vaters hatte mich dermaßen positiv angesprochen", erzählte Tom, „dass ich lange darüber nachdenken musste. So etwas hatte ich noch nie erlebt." Dass die Väter immer Recht haben, das war ihm vertraut. Aber das ein Vater bei seiner Tochter vor allen Anwesenden um Entschuldigung bat, war ihm neu. Diese angenehme Begebenheit war eine Predigt für ihn. So ein Vater wollte er auch werden. Ich bin auch zutiefst überzeugt, dass Tom nach der Bekehrung zu Jesus so ein liebevoller Vater geworden ist - nicht nur für seine leibliche Tochter, sondern auch für viele Menschen, die er geistlich betreut.

Nach den 16 Zeugnissen von messianischen Juden folgen nun weitere geschichtliche Hintergrundinformationen der zu Jesus Gefundenen. Darüber hinaus die Geschichte der Beziehungen zwischen Protestanten und Juden.

## Beziehungen zwischen messianischen Juden und Protestanten im zaristischen Russland

Leider fand ich wenige Informationen in russischer oder deutscher Sprache von Protestanten aus dem zaristischen Russland, die über ihre Beziehung zu den Juden berichten. Dies lag unter anderem auch daran, dass die Agenten der heiligen Synode der Russisch-orthodoxen Kirche ständig geheime evangelische Veranstaltungen überwachten. Die Hauptgründe der orthodoxen Überwachung waren die beginnende Aktivität der Stundisten[73] und der evangelischen Christen, die in ihren Häusern selbst das Evangelium verkündigten[74]. Jedoch einige wenige Hinweise über die Beziehung zwischen Protestanten und Judenchristen bieten die Zeugnisse der ersten messianischen Gemeinden aus der Zarenzeit. Kajaer Hansen[75], zum Beispiel, schreibt über die im Jahre 1884 in Bessarabien, dem heutigen Moldavien, entstandene juden-christliche Gemeinde. In diesem Buch findet man auch einige Berührungspunkte mit den Protestanten. Auch Vera Kuschnir schreibt über ihren Großvater Leon Rosenberg, der 1903 in Odessa die erste juden-christliche Gemeinde gründete. In diesem Werk findet man einige Berührungspunkte zwischen Protestanten und Judenchristen.

## Soziale Beziehungen zwischen Protestanten und Judenchristen im zaristischen Russland

In beiden Werken findet man positive Handlungen im sozialen Bereich der Protestanten den Juden gegenüber. Zum Beispiel war Rudolf Faltin, Pastor einer lutherischen Gemeinde, bekannt als einer, der auch unter den Juden arbeitete[76]. Weiter schreibt Kjaer-Hansen, dass Faltin einen guten Ruf hatte: „Über ihn konnten die Bekannten sagen, dass sie ihn kannten als einen geschätzten Christen in Russland, der sich zum Wohle des jüdischen Volkes einsetzte." Ebenfalls liest man über die praktische Nächstenliebe der Gemeinde aus Odessa. Kuschnir[77] schreibt, dass eines Tages ein Bruder von der christlichen Mennonitengemeinde zur messianischen Gemeinde von Leon Rosenberg kam. Er war kinderlos und wollte zwei juden-christliche Kinder adoptieren. Die Gemeinde und ein sterbender Bruder, der den Wunsch hatte, zwei seiner zurückbleibenden Kinder christlich erziehen zu lassen, sahen den Wunsch des kinderlosen Mennoniten als Gebetserhörung an. Der sterbende, an Jesus gläubige messianische Jude, so schreibt die Autorin[78], hat dadurch „für seine zwei kleinen Kinder eine christliche Familie gefunden, in der sie eine Möglichkeit zur Ausbildung hätten und in der Furcht des Herrn erzogen werden würden." Auch in Bezug auf die Ausgabe des amtlichen Zeugnisses ließen ihre jüdischen Geschwister sie nicht im Stich. Weil die Gemeinde von Leon Rosenberg keinem Dachverband oder Vereinigung angehörte und auch nicht bei der Obrigkeit registriert war, stieß sie auf einige Probleme in Bezug auf die Angaben der Geburts-, Heirats- und Todesurkunden. Diese Angaben wurden damals unter Mitwirkung der Kirchen gemacht. Der messianische Pastor Rosenberg teilte das entstandene Problem über die Ausstellung von Geburts-, Heirats- und Todesurkunden den Leitern der evangelisch-baptistischen Bruderschaft mit. Die Reaktion der evangelischen Bruderschaft war herzlich. Die Probleme konnten unter ihrem Dachverband gelöst werden[79]. In Haifa zum Beispiel, lebte ein messianischer Jude namens Peter Kusnezov, den ich gut kannte. Er zeigte mir seine Geburtsurkunde, die von der molokanischen Kirche in Kishinev ausgestellt worden war.

## Religiöse Beziehungen zwischen Protestanten und Judenchristen im zaristischem Russland

Auch über die religiöse Gemeinschaft zwischen Judenchristen und Protestanten findet man in den Gemeinden von Odessa und Kishinev positive Nachrichten. Als die messianische Odessa-Gemeinde 1913 das zehnjährige Jubiläum feierte, kamen auch

Protestanten aus der Umgebung zu dieser Feier. Kuschnir schreibt dazu: „Die Tische waren gedeckt und viele Gaben von Bauern und Gärtnern der naheliegenden mennonitischen Dörfer waren ein reiches Geschenk für die, die das Jubiläum an diesem unvergesslichen Tag feierten.[80]" Weiterhin schreibt Kuschnir[81], dass während des Ersten Weltkrieges jegliche Gemeinschaft der christlichen Juden mit deutschen Christen verboten war. Aber Bruder Rosenberg fuhr in die mennonitischen Dörfer und predigte in ihren Häusern. Eines Tages starb ein Arzt, der zu den Bekannten der Familie Rosenberg gehörte. Die Verwandten des Verstorbenen waren Mennoniten, die nur deutsch und holländisch[82] sprachen. Sie baten, dass der messianische Pastor Rosenberg dafür sorgen sollte, dass der Verstorbene in seine Heimatstadt nach Orlov gebracht wird und dass er selbst die Beerdigung durchführen sollte. Daraufhin erfüllte Pastor Rosenberg ihre Bitte. Auch in den Gemeinden von Kishinev fanden gemeinsame Veranstaltungen statt, obwohl die judenchristlichen und lutherischen Gemeinden unabhängig voneinander waren. Kjaer-Hansen[83] schreibt über eine Konferenz, die im Jahre 1884 stattfand, an welcher der lutherische Pastor Faltin mit einigen Vertretern der lutherischen Gemeinde, drei Engländer, ein Missionar aus Deutschland, Faber, und die Brüdern Jakob und Joseph Rabinovitz teilgenommen hatten. Für diese Konferenz hatte Rabinovitz zwölf theologische Dogmen ausgearbeitet, die er den messianischen Gemeinden vorstellte und mit den eingeladenen Brüdern besprechen wollte[84]. Kjaer-Hansen zur Konferenz: „Die Konferenz begann mit Gesang. Danach hat Faltin in Deutsch gebetet und den Abschnitt aus Apg. 2,1-4 gelesen... Am Schluss (der Konferenz) betete Faltin und anschließend sprachen alle zusammen das Gebet des Herrn auf Hebräisch[85]".

Die erwähnten Kommunikationen, die auf sozialer und geistlicher Ebene zwischen Judenchristen und Protestanten wie Mennoniten, Baptisten und Lutheranern stattfanden, sprechen über vorbildliche und liebevolle Verhältnisse unter ihnen, die von Brüderlichkeit und gegenseitiger Achtung gekennzeichnet waren. Die Protestanten waren bereit, die neuen judenchristlichen Gemeindemitglieder als Geschwister im Herrn zu bezeichnen und ihnen mit herzlicher Bruderliebe zu begegnen. Dem entsprach die mutige Tat vom messianischen Pastor Leon Rosenberg, die mennonitischen Gemeinden zu besuchen, obwohl die Gemeinschaft mit den Deutschen und das Predigen unter ihnen verboten war. Ein anderes Beispiel stellt Joseph Rabinovitz dar, der sein Anliegen den christlichen Brüdern anvertraute und mit ihnen zusammen die theologischen Dogmen für die Gründung einer messianischen Gemeinde besprach. Während die Orthodoxe Kirche im zaristischen Russland eine deutliche Abneigung den Juden wie auch den Judenchristen gegenüber zeigte - „Die staatliche Orthodoxe Kirche kochte vor Wut, weil die Juden zum lebendigen Glauben an Christus kamen und ihn als persönlichen Retter annahmen. Es wurde aber erwartet, dass die Christen sich über diese Tatsache freuen würden"[86], - war die Beziehung zwischen Judenchristen und Protestanten von Brüderlichkeit und gegenseitiger Achtung gekennzeichnet.

Ich - der Autor des Buches - hielt vor einigen Jahren in der Mennoniten-Brüdergemeinde Bielefeld-Heepen einen Vortrag über die geschichtlichen Überlappungen des deutschen und jüdischen Volkes. Unter anderem gab ich die Reaktionen der in Russland lebenden deutschen Christen auf die Pogrome weiter. Anschließend kam eine alte Frau auf mich zu und erzählte mir Folgendes: „Während der Pogrome wurden meine Mama und Papa getötet. Ich als kleines Mädchen überlebte den Pogrom. Nach dem brutalen Mord kam ein Mann zu uns, nahm mich auf die Arme und trug mich zu sich nach Hause. So wurde ich von einer christlichen Familie adoptiert. Meine Eltern nannten mich bei meiner Geburt Tamara, doch die Mennoniten-Eltern gaben mir einen deutschen Namen, damit ich nicht auffallen sollte, das ich nicht aus ihrer Familie komme. So bin ich in einer christlichen liebevollen Familie mit Geschwistern aufgewachsen. Jetzt besuche ich noch immer eine christliche Mennoniten-Gemeinde."

Gott sei gedankt, dass es immer wieder Christen gibt, die nicht drückend und arrogant als Besserwisser auftreten, sondern liebevoll den jüdischen Menschen Jesus vorleben und ein Zeugnis über die Rettung durch Jesus weitersagen können. Ich wünsche mir mehr von solchen Menschen und möchte es auch selber sein. Meiner Überzeugung nach, ist die Liebe das wichtigste Element in der Mission.

## Beziehungen zwischen Protestanten und messianischen Juden im kommunistischen Russland

Die Juden kämpften bei der Revolution für die Freiheit, liebten die Freiheit und nun wollten sie auch ihre Religion im freien sozialistischen Reich behalten. Doch die feindliche Gesinnung dem jüdischen Glauben gegenüber ließ in der neuen sowjetischen Welt nicht lange auf sich warten. Bereits im Jahre 1918, innerhalb des Volkskommissariats, das unter Stalins Leitung für nationale Fragen verantwortlich war, wurde ein „Jüdisches Kommissariat"[87] gegründet, um gegen die jüdische Religion zu kämpfen[88]. Somit hatte der Aufstand gegen den jüdischen Gott und die an ihn glaubenden Juden schon bei der Gründung des sowjetischen Regimes begonnen.

Die Sowjetunion ignorierte das Kultur- und Nationalerbe der Völker, die sie in ihren Kreisen pflegten. Dies betraf auch die Juden. In den jüdischen Schulen blieb nichts Jüdisches mehr übrig[89]. Die sowjetische Führung deutete die Ausrottung der nationalen jüdischen Kultur und Vernichtung der Religion als einen Kampf gegen die „nationalistischen Richtungen" an[90]. Nach Messmers[91] Aussage, waren für Lenin die Juden eine „Kaste", aber keine Nation. Seine politische Auffassung den Juden gegenüber wurde auch nach seinem Tod fortgesetzt und führte an der Schwelle des Zweiten Weltkriegs zu einem zunehmenden Antisemitismus innerhalb des Landes.

Der belastende Druck des Antisemitismus der Kriegsjahre verschwand nicht automatisch nach dem Krieg. Die Juden, die während des Krieges vor den Nazis nach Sibirien oder Mittelasien geflohen waren, wurden auch in den Zufluchtsorten unfreundlich aufgenommen. Diejenigen Flüchtlinge aber, die zurück in die Ukraine kamen, stießen auf Ablehnung bei der Obrigkeit[92]. Nikita Chruchev, der ab 1943 der erste Parteisekretär der Ukraine war, nahm nach den Kriegsjahren auch eine unfreundliche Stellung gegenüber den Juden ein.

Die antisemitische Vorgehensweise gegen die Juden wegen ihrer Nationalität begründete Nikita Chruchev mit folgenden Argumenten: „Die Juden hatten in der Vergangenheit nicht wenig gegen das ukrainische Volk gesündigt. Deshalb sind sie unter der Bevölkerung unbeliebt. In unserer Ukraine brauchen wir keine Juden... Es wäre uns lieber, wenn sie nicht zurückgekommen wären. Besser wäre es, wenn sie nach Birobidzan gezogen wären. Hier ist die Ukraine. Und wir sind nicht daran interessiert, dass das ukrainische Volk die Wiederkehr der Kommunisten als Wiederkehr der Juden versteht.[93]“

Die antisemitische Vorgehensweise der Sowjetunion führte dazu, dass die große Mehrheit der Juden immer weniger die Möglichkeiten hatte, ihre Religion und Tradition zu pflegen. Während meines (Jakob Kröker) zweijährigen Aufenthaltes in der Jüdischen Autonomen Republik habe ich weder eine Synagoge noch einen Rabbi gesehen, geschweige Versammlungen von messianischen Juden. Bis zu meiner Ausreise nach Deutschland im Jahre 1987 habe ich von keiner messianischen Gemeinde in Russland gehört. Das heißt aber nicht, dass es keine Juden gab, die an Jesus glaubten. Bei uns in Almaty in der Baptistengemeinden hatten wir einige Juden als Mitglieder. Auch in den Nachbargemeinden kannte ich Juden, die an Jesus glaubten. Wie auch andere Nationalitäten, beteiligten sich die Juden an den Diensten der Gemeinde. Ich kannte Juden, die als Pastoren, Prediger, Dirigenten, Sänger, Diakone und in anderen Ämtern dem Herrn dienten. Ich fand die Beziehung der Christen den jüdischen Christen gegenüber in unserer Umgebung in Kasachstan vorbildlich und brüderlich.

## Beziehungen zwischen Protestanten und messianischen Juden in Russland nach der Perestroika

Die durch das Plenum der Kommunistischen Partei der Sowjetunion vom April 1985, und damit durch Gorbatschow begonnene Perestroika veränderte die politische, wirtschaftliche und soziale Struktur der Sowjetunion[94]. Der Zerfall der Sowjetunion ermöglichte auch eine stärkere Auswanderungswelle aus dem Land. In der zweiten Hälfte der Achtziger Jahre wurde die Auswanderung aus der Sowjetunion nach Israel möglich ohne Einschränkungen, so dass alle, die durch Dokumente nachweisen konnten, dass sie Juden oder jüdischen Ursprungs waren, ohne Mühe das Land verlassen konnten[95].

Der Zerfall der Sowjetunion ermöglichte auch eine Rückkehr der Juden zu ihrer Religion und den Traditionen. Nach der Perestroika kamen aus Amerika messianische Pastoren und halfen im großen Land, mit Unterstützung der örtlichen christlichen Gemeinden, messianische Gemeinden ins Leben zu rufen.

## Beziehungen zwischen Protestanten und messianischen Juden in Deutschland

Die Schilderung der Beziehung zwischen Protestanten und messianischen Juden gründet sich auf meine Erfahrungen, die ich im Laufe der letzten 20 Jahre gemacht habe.

Auf seinen Missionsreisen erkannte Paulus große neue Möglichkeiten, um das Evangelium von Jesus Christus zu verkündigen[96]. Auch uns Christen öffnet der Herr viele Türen, um Gemeinschaft mit Juden und mit messianischen Gemeinden zu pflegen. So gibt es bereits einige evangelikale Gemeinden, Missionswerke und auch einzelne Christen, die sich für die Verbreitung der rettenden Botschaft unter Juden engagieren. In Städten wie Köln-Ostheim,

Bonn, Aachen, Koblenz, Düsseldorf, Essen und darüber hinaus stellen Christen ihre Gebetshäuser für Gottesdienste der messianischen Gemeinden zur Verfügung. Einige christliche Gemeinden bieten den Juden kostenlose Sprachkurse an. Das Missionswerk „Tabea" veranstaltet jedes Jahr Freizeiten für Teenager aus Israel[97]. Andere bieten Ausflüge, Besichtigungsreisen, Übersetzungsdienste, Betreuungsdienste und so weiter den Juden an. Außerdem werden Gebets-Konferenzen für das jüdische Volk und für Israel organisiert. Unter den Touristen meiner Israelreisen sind immer wieder Juden, die das Land Israel besser kennen lernen wollen. Außerdem unternahm ich Reisen für Juden durch Europa. Durch die vielen Begegnungen und Gespräche auf den Reisen entstehen gute Beziehungen, die Einblick gewähren in das Leben der Juden. Auf der anderen Seite erfahren Juden durch solche Unternehmung mehr über den christlichen Glauben. Immer wieder treffe ich in Israel junge Christen aus Deutschland an[98], die in sozialen Einrichtungen wie Altenheime mit Holocaust-Überlebenden oder auch Jugendherbergen ihr soziales Jahr absolvieren. Bei solchen Aktivitäten und Begegnungen mit Juden entstehen Freundschaften, aber auch viele Möglichkeiten, das eigene Glaubensleben zu bezeugen.

Die Anzahl derer, die auf Grund solch einer Begegnung das Evangelium von Jesus Christus angenommen haben, wächst stetig an. Daher sollte man umso mehr die vorhandenen Möglichkeiten nutzen, um durch die Verkündigung des Evangeliums oder durch soziale Dienste die Liebe Gottes zum Ausdruck bringen zu lassen. Durch die Annahme des Evangeliums werden bekehrte Juden selber zu gesegneten Zeugen sowohl in Deutschland als auch in Israel.

In folgenden Bildern werden diese Erfahrungen von einzelnen Juden bezeugt:

*Ludmila Tachman schenkte mir ihr Buch „Wospominanija" (zu Deutsch „Erinnerungen"). Seit über 10 Jahren gehört sie zu unserer messianischen Gemeinde in Köln. In Russisch schreibt sie: „Den Deutschen, die mich zu einer Jüdin gemacht haben. Mit tiefer Achtung und Liebe. Ludmila. 21.10.2015, Köln" Durch ihre freundliche Bemerkung bringt sie zum Ausdruck, dass sie durch die Bekehrung zu Jesus und mit der Teilnahme an messianischen Gottesdiensten zu ihren jüdischen Wurzeln gefunden hat.*

Eine freundliche Begegnung erlebte ich mit dem stellvertretenden Generaldirektor des israelischen Ministeriums für Tourismus Rafael Ben-Hur. Als er mich in seinem Büro fragte, wer ich sei und wie es mir gelänge, über 200 Touristen im Jahr nach Israel zu bringen, antwortete ich: „Ich bin ein evangelikaler Christ! Ich kenne sehr viele Christen in Deutschland, die Israel lieben und für das Land beten. Und weil so viele das Land lieben, kommen viele dieser Israelfreunde gerne mit. Darauf schenkte er mir eine Thora mit dem Eintrag: „Dear Jacob, see you allways in Israel, Raphael Ben-Hur 23.05.2010" (Zu

Deutsch: Lieber Jakob, ich möchte dich immer in Israel sehen.)

# Bekehrungshindernisse
## der messianischen Juden, missionstheologische Reflexion der kulturrelevanten Kommunikationsbrücken so wie Auswirkungen des Evangeliums unter den messianischen Juden

### Leitfaden und narratives Interview

Da es hier um die Analyse des Alltagslebens und Alltagswissens der mit dem Evangelium konfrontierten Juden geht, gibt das Leitfaden- oder narratives Interview Möglichkeiten, die ideologischen und kulturellen Besonderheiten als auch die religiöse Ansprechbarkeit der betroffenen Gruppe zu beschreiben und ein Datenerhebungsverfahren zu gewinnen[99]. Leitfadeninterviews sind Interviews, bei denen der Forscher über einen Leitfaden verfügt, der Fragen über das im Gespräch abzudeckende Thema enthält, jedoch keine Vorgaben in Bezug auf die Formulierung der Antworten vorgibt[100]. Der Befragte teilt, durch die Anregung des Leitfadens, seine Erfahrungen und sein Wissen über das Forschungsziel im Laufe des Gesprächs oder schriftlich mit, so dass die Möglichkeit auf begrenzte Fragen vorgefertigte Antworten zu geben, gering ist[101].

Der von mir erstellte Leitfaden enthält eine das Thema abdeckende Zusammenstellung von Fragen. Die

Fragen ermöglichen viel Offenheit und Zurückhaltung im Gespräch, bleiben aber spezifisch genug, um den Befragten auf das Hauptthema „Von kommunistisch geprägten Juden zu messianischen Juden" zu führen. Um sie dazu zu bewegen, offener zu schreiben und auch aus allgemeinem Interesse, wurden Fragen eingebaut, die nicht direkt mit der Bekehrung zusammenhängen. Es wurde auch die Möglichkeit gegeben, auf die Frage „Können Sie bitte Ihren Weg zum Glauben an Jesus Christus beschreiben?" einen narrativen Bericht zu schreiben, ohne den Leitfaden zu benutzen. So konnte ein deutlicheres Bild über ihren Bekehrungshintergrund gewonnen werden. Allen Interviewten, die den Leitfaden benutzten, wurde auch die Freiheit gewährt, Fragen unbeantwortet zu lassen.

Obwohl es zurzeit in Israel keine staatliche Diskriminierung oder Verfolgung religiös Andersdenkender gibt, lässt sich doch nicht leugnen, dass messianische Juden, wenn auch nicht starken Verfolgungen, so doch Repressalien ausgesetzt sind. Das wurde auch von den 18 Befragten zum Ausdruck gebracht. Um eine gewisse Anonymität zu bewahren, werden die Interviewten nur mit ihren russischen Vornamen genannt. In einigen Fällen werden mit ihrer Zustimmung auch ihr hebräischer Name und evtl. sogar ihr Wohnort erwähnt. Die vollständigen Angaben der Interviewten befinden sich in meinem Privatarchiv.

**Inhalt des Leitfadens**
Name:

Geburtsjahr:
Familiäre Verhältnisse:
Beruf des Vaters:
Zahl der Brüder:
Datum der Bekehrung:
Nationalität:
Geschlecht:
Bildungsniveau:
der Mutter:
der Schwestern:

## Teil I
- Wie beurteilten Sie Ihre materielle Lage?
  - Vor der Ausreise
  - Nach der Immigration
- Welche Eigenschaften würden Sie als typisch jüdisch bezeichnen?
- Welche typisch jüdischen Eigenschaften haben Sie in Ihrer Familie beobachtet?
- Wie fühlen Sie sich mit der jüdischen Kultur verbunden?
- Wie sind Sie mit der jüdischen Religion bekannt gemacht worden?
- Welchen Stellenwert hatte für Sie die jüdische Religion?
- Wie wirkte sich die jüdische Religion auf Ihre Moral aus?
- Welche Rolle spielten Schule, Universität, Arbeit und Politik in Ihrer Weltanschauung?
- Wie war vor der Bekehrung Ihr Verhältnis zu anderen Religionen?

## Teil II
- Wie erreichte Sie die Botschaft von der Rettung durch Jesus Christus?
- Haben Sie Hindernisse auf dem Weg zu Jesus erlebt?
- Was fanden Sie bei Ihrem ersten Besuch in einer messianischen Gemeinde anziehend?

**Teil III**

- Was war die primäre Ursache für Ihre Bekehrung zu Jesus?
- Wo und wie geschah Ihre Bekehrung?
- Welche Bibelkenntnisse hatten Sie zur Zeit Ihrer Bekehrung?
  - Über die Liebe Gottes
  - Über den gnädigen Rettungsplan Gottes
  - Über das Opfer Christi
  - Über die Heilige Schrift
  - Über den Sündenfall
  - Über das ewige Leben

**Teil IV**

- Was hilft Ihnen, geistlich zu wachsen?
- Was hat sich in Ihrem Leben nach der Bekehrung verändert?
- Wie erleben Sie die Wirkung des Heiligen Geistes in Ihrem Leben?
- Wie setzen Sie die Ihnen von Gott gegebenen Gaben ein?
- Verkündigen Sie anderen, dass Jesus der Retter ist?

**Teil V**

- Was wünschen Sie den an Jesus glaubenden Juden?
- Was wünschen Sie den Juden, die nicht an Jesus glauben?
- Was wünschen Sie, dass Gott über Sie sagen sollte?
- Was wünschen Sie, dass die Menschen über Sie sagen sollen?

Die nun folgende Auswertung der Bekehrungshindernisse, die sich den Ex-Sowjetjuden in den Weg stellen, basiert sowohl auf den 16 messianischen Zeugnissen als auch auf dem unveröffentlichten Datenmaterial der 18 Leitfaden-Interviews. Des Weiteren sollen in diesem Teil die für die Missionstheologie kulturell relevanten Kategorien reflektiert werden, um sie für die Verbreitung des Evangeliums unter den Ex-Sowjetjuden anzuwenden. Abschließend werden die positiven Auswirkungen des Evangeliums auf die messianischen Juden kurz beschrieben.

## Bekehrungshindernisse

### Bekehrungshindernisse innerhalb der Familien und der Verwandtschaft

Die Erzählungen der Eltern und Vorfahren über die Zeit der Pogrome bewirkte eine ablehnende Haltung der nachkommenden Generationen auf die Verkündigung des Evangeliums, und zwar aus folgendem Grund:

*„Im Kopf der Juden sitzt der Gedanke, dass Jesus ein Feind der Juden sei. Mit dem Namen Jesus verbanden sie auch die Russisch-orthodoxe Kirche, die Pogrome und Gerichte über die Juden brachte. Dieses Gefühl saß tief bei meinen Eltern und Ureltern.[102]"*

Die nicht an Jesus gläubigen Eltern empfanden Bekehrungen zu Jesus als Verrat des Glaubens und setzten alles ein, um die Kinder oder Verwandte aus der Gefahr heraus zu holen. Oft versuchten sie das mit Hilfe der religiösen Führer des Landes: „Ein Hindernis, die Gute Nachricht aufzunehmen, war für mich das Judentum und meine jüdischen Wurzeln. Ich stand in der Versuchung, mein Judentum zu verlieren oder auch mein Volk zu verleugnen. Meine Eltern schleppten mich sogar zu den Rabbinern[103]." Oder sie versuchten den Neubekehrten ins Gewissen zu reden, wie z.B. die Eltern eines Predigers: „Was machst du? Indem du Menschen von Jesus erzählst, verleugnest du unseren Glauben und verführst das jüdische Volk." Natürlich sind das alles große Hindernisse auf dem Weg zu Jesus, die messianische Juden hinnehmen müssen.

## Bekehrungshindernisse wegen der jüdischen Herkunft und der jüdischen Religion

Obwohl die Juden aus der Sowjetunion in der Vergangenheit relativ wenig mit dem Judentum und der jüdischen Religion konfrontiert worden waren, bleibt die jüdische Religion doch für viele ein Hindernis, um zu Jesus zu finden. Sogar die Neubekehrten gerieten in Versuchungen. Pastor Boris aus Südisrael sagt dazu Folgendes:

*„Nach der Bekehrung entstanden Fragen über das Judentum. Ich habe sogar eine Woche lang die jüdische Schule Jeschiva besucht. Bin sogar für eine Zeitlang von Christus weggegangen. Die jüdische Religion störte mich, die Wahrheit zu finden."*

Es erscheint zunächst unrealistisch, dass die jüdische Religion ein Hindernis ist, um die Wahrheit zu finden, weil das Gesetz und die Propheten ja als ein Wegbereiter für Jesus dienen sollten. Aber weil viele geistliche Leiter sich nicht nur mit der Tora beschäftigen, sondern mit dem Talmud und den menschlichen Satzungen, wirken sie auf die Suchenden in Bezug auf die Rettung durch Jesus negativ.

Der Glaube an das Evangelium von Jesus wird von den Rabbinern nicht nur als Verrat an der jüdischen Religion gesehen, sondern auch als antijüdisch interpretiert. Julia sagt dazu Folgendes:

*„Mich interessierte immer die Frage, warum die Juden einen Hass auf Jesus haben. Daraufhin wurde mir immer geantwortet, Jesus sei ein Jude gewesen, aber er habe die Juden verraten, indem er sich selber zu Gott machte und eine eigene Religion gründete."*

Die Christusfeindschaft und die negative Verhaltensweise der religiösen Juden Christen und messianischen Juden gegenüber kommt hauptsächlich aus dem Talmud[104]. Bis in die Gegenwart hinein wird der Talmud als Grundlage für die Lebensgestaltung der religiösen Juden verstanden[105]. Deshalb ist es auch nicht verwunderlich, wenn einige Juden zunächst ablehnend auf die Frohe Botschaft reagieren. Sollten sie die Botschaft annehmen, riskieren sie, einen gewissen Preis zu bezahlen. Wobei natürlich nicht alle solche Repressalien erleben.

Fast jeder Jude verbindet das Christentum mit den Kreuzzügen, Pogromen, Inquisitionen oder dem Holocaust. Es ist leider Tatsache, dass die Juden von Pseudochristen viel Leid, Demütigungen, Erniedrigungen und in vielfacher Weise Genozid erlebt haben. Lidija schreibt dazu folgendes: „Mit den Namen Jesus war ja auch die Russisch-orthodoxe Kirche verbunden, die Pogrome, Gerichte und Prozesse gegen die Juden veranlasste." Es gibt auch noch sehr viele Juden in Israel, die zwar den Holocaust selbst überlebt haben, aber ihre Geschwister und Eltern dadurch verloren haben. Hinter diesen blutigen Ereignissen standen, ihren Empfindungen nach, Christen. Wenn diese Menschen ein Zeugnis über Christus hören, taucht automatisch Abneigung auf. Eine an Jesus gläubige Jüdin sagte über ihre Empfindungen, die sie vor der Hinwendung zu Jesus zu den Christen hatte, Folgendes:

„Früher dachte ich, wenn ich von Jesus hörte, stets an den Holocaust. Ich glaubte, das Neue Testament sei wie Hitlers Buch „Mein Kampf" ein antisemitisches Buch. Jeder Christ sei ein Nazi und jeder Judenchrist ein Verräter seines Volkes und ein Handlager der Nazis. Damit waren für mich die Christen und die Judenchristen erledigt[106]."

Die jüdischen Zuhörer, die so viel Negatives aus der Geschichte über die Christen gehört und erlebt haben, betrachten den Botschafter skeptisch und prüfend. Sie wollen sich überzeugen, dass das noch immer stimmt, was sie aus Erfahrungen und auch vom Hören über die Christen wissen.

## Kommunistische Ideologie als Hindernis zur Bekehrung

In der Grundlage der kommunistischen Ideologie, wie sie in Schulen und Hochschulen gelehrt wurde, findet man, nach Leonhard[107], unter anderem Sätze, welche die Existenz eines Schöpfers und die Existenz von übernatürlichen Kräften leugnen. In Folge der totalen Ablehnung des Schöpfers und der Existenz übernatürlicher Kräfte hat die Religion für Marx und somit auch für seine Nachfolger keinen geistlichen Inhalt mehr, sondern widerspiegelt lediglich bestimmte gesellschaftliche Zustände und ist somit für ihn nicht nur bedeutungslos und von vornherein entwertet[108], sondern „Opium für das Volk"[109]. Die Auffassung der Marxisten ist es, die Religion als ausgedachtes Beruhigungsmittel zu sehen, welches sich auf die Entfaltung der kommunistischen Ideologie negativ auswirkt und daher auch verantwortlich für den hinkenden wirtschaftlichen Progress der neuen Gesellschaft ist[110]. So eine Einstellung veranlasste, dass die Kommunisten in der Sowjetunion nicht nur eine ablehnende Haltung, sondern eine scharfe Kampfstellung allen religiösen Lebensformen gegenüber annahmen[111].

Nach Aussagen messianischer Juden, folgten die meisten Juden widerstandslos dem sowjetischen Schulsystem, in dem die kommunistisch-atheistische Erziehung eifrig zur Grundlage genommen wurde. Die meisten jüdischen Eltern trugen sogar dazu bei, dass ihre Kinder im sowjetischen Sinne erzogen wurden. Weil viele ältere Juden, noch selbst bei der Gründung der kommunistisch-atheistischen Grundlage, für das sowjetische System mitgewirkt hatten[112], betrachteten sie diese Grundlage nicht als etwas Fremdes, sondern als etwas Eigenes, als Heimisches und trugen somit dazu bei, dass die kommenden Generationen sie, ohne sie gründlich zu hinterfragen, übernahmen. Folgendes schreib Schimon darüber:

*„Mein Großvater war jemand, der die Kriegsjahre überlebt hatte. Er war ein Mann, der einen großen Glauben an die Verwirklichung des Kommunismus hatte. Deshalb war ich für die sowjetische Schule ein guter Boden. Mit großem Stolz war ich Oktjabrjonok[113], später Pionier[114] und lange hielt ich mich für unwürdig, im Komsomol zu sein. Wenn ich aber um mich herum die ungerechte Wirklichkeit sah, dann glaubte ich, wie auch mein Großvater, dass einzelne Menschen daran schuld seien, die kommunistischen Prinzipien aber vollkommen und echt seien... Durch so eine Einstellung war ich ein großer Patriot meines Landes und schon als Kind freute ich mich über mein Schicksal, in dem besten Land der Welt mit der besten Gesellschaft zu leben, in welchem der Kommunismus schon bald in Erfüllung gehen würde."*

Das Umdenken für Schimon war nicht einfach. Gott sei Dank, dass es doch geschehen ist. Auch Beate hatte die atheistische Denkweise ohne zu hinterfragen übernommen:

*„Ich bin in einer sowjetisch-jüdischen Familie geboren. In der Familie wurde weder von Gott gesprochen, jüdische Traditionen gepflegt noch Jiddisch gesprochen... In der Schule wurde uns die Evolutionstheorie von Darwin gelehrt und dass es keinen Gott gibt. Als ich 13 - 14 wurde, hatte ich mir eine lustige Bibel gekauft (eine spottende Interpretation des Wortes Gottes). Später habe ich auf der Universität die Grundlagen des wissenschaftlichen Atheismus studiert. Das war eine planmäßige Sterilisation der spirituellen Dimensionen... Nach meinen Studium habe ich die Grundlagen des wissenschaftlichen Atheismus selber an einer Uni unterrichtet".*

Lidija, eine Rechtsanwältin, schreibt dazu Folgendes:

*„Meine Eltern waren Atheisten, ... das Schulprogramm, die Ausbildung und die Politik formierten aus mir eine überzeugte Atheistin mit einer atheistischen Lebensanschauung. Ich wurde Komsorg (Leiterin einer örtlichen Komsomol-Organisation)."*

Aus den Zeugnissen sieht man, dass ein widerstandsloses Nachfolgen des sowjetischen Systems nicht ohne Folgen blieb. Sie wurden nicht nur selber zu überzeugten Atheisten, sondern wirkten sogar an der Verbreitung der marxistischen Ideologie in der Ex-Sowjetunion mit.

Ein kommunistisch geprägter Jude lebt in der Überzeugung, dass es keinen Gott gibt[115] und betrachtet das Leben ohne Gott als ganz normale Tatsache. Die Religion hat für ihn keinen geistlichen Inhalt und ist daher wertlos[116]. Wenn Menschen solcher Prägung ein Zeugnis über die Existenz Gottes zu hören bekommen, werden sie zu einer Entscheidung herausgefordert. Sie möchten sich am liebsten gar nicht mit dieser Botschaft auseinandersetzen. Der Gedanke ist schwer zu verarbeiten, dass die mitgebrachte Lebensphilosophie komplett verkehrt ist und dass die Ideen, die man unterstützt, verteidigt und gelehrt hat, in Misskredit geraten sind[117]. Der Sprung von einer tiefsitzenden gottlosen Lebenseinstellung zu einer bewussten Lebenshingabe unter die Leitung Gottes scheint eine unüberwindbare Mauer zu sein, weshalb sich kommunistisch geprägte Juden beim Hören eines Zeugnisses über Jesus innerlich zurückziehen.

## Berücksichtigende Elemente bei der Verbreitung des Evangeliums unter den Juden

### Die Berücksichtigung der kulturrelevanten Sprachkommunikation

Um zu einer kulturell relevanten Kommunikation beim Zeugnisdienst zu gelangen und unnötige Anfechtungen bei der Verkündigung der Frohen Botschaft zu vermeiden, sollte man sogar biblische Begriffe, die den Juden fremd oder abstoßend sind, meiden. Selbst der griechische Name für Jesus, der in Russisch „Iisus" ausgesprochen wird, klingt für einige Juden fremd. Zum Beispiel Maxim aus Jerusalem bezeugt seine negativen Empfindungen, wenn er den Namen Jesus in Russisch hörte, obwohl er bei seiner Bekehrung und in weiteren Gebeten in meiner Gegenwart immer den Namen Jesus ausgesprochen hat: „Der Name Jesus ist für mich kein Problem, aber es fällt mir schwer, ihn mit diesem Namen zu nennen. Ich nenne Ihn lieber Jeshua, dieser Name steckt bei uns im Blut." Daher versuchte ich immer sensibel zu sein, wenn ich mit Juden über Jesus spreche. Wenn ich merke, dass Jeshua besser ankommt, dann sage ich Jeshua. Wenn aber jemand mit dem Namen Jesus kein Problem hat, dann nenne ich Jesus in Russisch Iisus.

Auch das russische Wort für Gemeinde, „Zerkov", sollte man besser meiden, besonders bei den ersten Gesprächen. Der Begriff „Zerkov" wird bei den Juden oft mit der Orthodoxen Kirche der Zarenzeit in Verbindung gebracht, die viele Pogrome verursacht hat. Maxim z.B. bezeugt seine Empfindungen zum Wort „Zerkov": „Das russische Wort Zerkov ist auch für mich abstoßend. Es ist nicht unser Wort, nichts Jüdisches. Ich weiß nicht, warum, aber intuitiv lehne ich dieses Wort ab..." Auch für Lidija klingt das Wort „Zerkov" negativ, weil sie es mit den Gebäuden der Orthodoxen Kirche identifiziert und mit den Ikonen, die dort so zahlreich vorhanden sind. Es gibt ein anderes Wort für Gemeinde - „Obschina", das ein jüdischer Bürger viel leichter versteht und das man besonders dann verwenden sollte, wenn man Menschen zum Gottesdienst einlädt, weil das Wort „Obschina" den Juden schon im zaristischen Russland gut vertraut war. Mit diesem Wort bezeichneten sie ihre jüdischen Siedlungen[118]. Daher klingt für sie „Obschina" viel heimischer als das für sie fremd klingende Wort „Zerkov".

Das Alte Testament sollte man besser als „Tanach"[119] bezeichnen. Angeblich wissen über 90% der Juden nicht, dass es mit dem biblischen Alten Testament identisch ist[120]. Wenn wir im Gespräch das Wort Tanach gebrauchen, reagieren die Juden ganz anders. Sie empfinden, dass wir einer von ihnen sind, weil wir die jüdischen Schriften gebrauchen.

Bei der Auswertung der Zeugnisse kann man nachvollziehen, was jüdische Zuhörer beim Hören einer Predigt empfinden, wenn, für den jüdischen Kontext, fremde Begriffe verwendet werden. Sie empfinden dann die Frohe Botschaft als etwas nicht Jüdisches, als etwas Fremdes. Wenn ein Prediger in russischer Sprache predigt und die kulturell relevanten Begriffe nicht beachtet, stufen sie ihn als jemanden ein, der die jüdischen Zuhörer zum russischen Glauben bekehren will. Daher kann man die bestehende Skepsis verstehen und durch die Vermeidung der geschichtlich belasteten Begriffe einige Probleme abbauen. Durch die Verwendung der, dem jüdischen Kontext angepassten, Ausdrücke kann man zu einem segensreichen missionarischen Gespräch finden.

## Möglichkeiten zur Überwindung der Bekehrungshindernisse.

Die Annahme des Evangeliums erfordert kein Ablegen der jüdischen Identität.

Ich habe des öfteren gehört, wie Christen im Gespräch mit messianischen Juden ihnen irrtümlich das Judentum absprechen. Sie legen ihnen nahe, die jüdische Tradition abzulegen. Die Beschneidung, die jüdischen Feste, die Beachtung vom kosheren Essen, die Einhaltung des Sabbats und so weiter. Leider gab es in der Kirchengeschichte zu viele Beispiele für die Ausgrenzung der Auslebung der jüdischen Tradition. Die Fehler der Vergangenheit dürfen nicht wiederholt werden. In einem christlichen Magazin las ich folgende Überschrift: „Ex-Juden lassen sich taufen". Damit kam das Denken aus dem Mittelalter zum Ausdruck, nämlich wenn ein Jude an Jesus glaubt, ist er kein Jude mehr. Das kann man meiner Überzeugung nicht so sehen. Apostel Paulus nannte sich auch, nachdem er ein Jünger Jesu geworden war, Hebräer. „Wenn ein anderer meint, er könne sich aufs Fleisch verlassen, so könnte ich es viel mehr, der ich am achten Tag beschnitten bin, aus dem Volk Israel, vom Stamm Benjamin, ein Hebräer von Hebräern, nach dem Gesetz ein Pharisäer", lesen wir in Philipper 3, 4-5. Apostel Paulus, Petrus samt der ersten Gemeinde in Jerusalem waren alle an Jesus gläubige Juden. Sie behielten ihre jüdische Identität auch nach der Zuwendung zu Jesus. Deshalb sollten wir Christen die messianischen

Juden ermutigen, ihre Identität nach der Bekehrung zu Jesus zu behalten.

Treffend beschreibt Richard Harvey die Identität messianischer Juden:

*„Messianische Juden definieren sich selber als Juden, die an Jesus als Messias glauben. Gleichzeitig leben sie weiter als Juden, feiern ihren Gottesdienst jüdisch, pflegen jüdischen Lebensstil und identifizieren sich als Juden. Sie verstehen sich ganz als Juden, als Teil Israels, des jüdischen Volkes, und dabei ganz als Glieder des Leibes Christi, der Kirche, da sie an Jesus als Messias, Retter, Herrn und Sohn Gottes glauben.“*[121]

Das Alte Testament als Kommunikationsbrücke benutzen.

Eine der fruchtbarsten Kommunikationsbrücken, um mit Juden in Israel in ein evangelistisches Gespräch zu kommen, sind Zitate oder Beispiele aus dem Alten Testament. Die Bücher des Alten Testaments haben nach wie vor unter der jüdischen Bevölkerung eine wichtige Bedeutung: „Bibel und Tradition werden im Judentum als verbindliche Quellen des religiösen Lebens betrachtet.[122]“ Dies bestätigt auch Maja: „Mit der jüdischen Religion habe ich mich durch das Lesen der Tora bekannt gemacht." Es hat sich als gut erwiesen, wenn man achtungsvoll Propheten zitiert, die das eine oder andere in Bezug auf Israel gesagt haben, oder wenn man über Themen wie den Weg der Patriarchen, den

Auszug aus Ägypten durch Moses, die Wüstenwanderung oder auch andere alttestamentlichen Ereignisse zum Gesprächsthema wählt. Die Unterhaltung über Gottes Taten innerhalb des Volkes Israel sowie über die Glaubenshelden des AT finden immer Resonanz. Und wenn sie mit Prophezeiungen konfrontiert werden, die auf Jesus deuten, kommen die Zuhörer nicht selten zum Nachdenken. Michael z.B. sagt dazu Folgendes: „Ich begann die Bibel zu lesen. Besonders beeindruckten mich die alttestamentlichen Stellen über den Messias." Wenn ein jüdischer Zuhörer merkt, dass der Gespräch Suchende einer aus den Nationen ist und sich gut in der Geschichte des Volkes Israel auskennt und auch achtungsvoll über die Glaubensväter spricht, öffnet er sich in der Regel für eine weitere Unterhaltung. Er empfindet für den alttestamentlich informierten Gast sogar Bewunderung. Bei Schimon z.B.[123] bewirkte so eine Begegnung einige Veränderungen in seinem Leben. Er sagt Folgendes über seine Empfindungen:

*„Als ich einen Prediger aus den Nationen über den Bibeltext aus Maleachi 3 predigen hörte und merkte, dass er sich in der Geschichte unseres Volkes auskennt und achtungsvoll über sie spricht, wurde ich eifersüchtig. Wie?, dachte ich, er, ein Heide, kennt unsere Geschichte besser als ich? - da läuft etwas verkehrt. Dieses Erlebnis führte dazu, dass ich von dieser Zeit an die Prioritäten in meinem Leben anders ordnete und begann, die Bibel intensiv zu lesen."*

In der Reaktion von Schimon sieht man auch die Erfüllung der Aussagen von Paulus, wie der aus Römer 10,19: „Ich will euch eifersüchtig machen über ein Volk, das nicht mein Volk ist...“; siehe auch Römer 11,11: „Ich sage nun: Sind sie etwa gestrauchelt, damit sie fallen sollen? Das sei ferne! Sondern durch ihren Fall ist den Nationen das Heil geworden, um sie zu Eifersucht zu reizen“. Paulus verfolgt den Gedanken, dass wenn Israel sieht, wie die Heiden zum Volk Gottes werden, sie zu echtem Eifer angereizt werden, Gott zu suchen. Somit stehen wir Christen durch eine Verkündigung, die zuerst einmal auf dem AT basiert, in einer besonderen Verbindung zu Israel. Durch die Beispiele aus den AT, durch die Liebe zu ihnen, durch das Zeugnis des Lebens und des Wortes können wir die jüdische Bevölkerung anreizen, die Bibel zu lesen und zu Jesus zu kommen. Diese Kommunikationsbrücke lässt sich sowohl für Juden anwenden, denen noch der kommunistische Hintergrund wichtig ist, als auch für Juden, bei denen der jüdische Hintergrund ein Stolperstein ist, sich zu Jesus zu bekehren.

**Liebe zum jüdischen Volk als wichtiges Element in der Mission sehen.**

Eine weitere Missionsstrategie, die bei den Juden und auch ganz bestimmt bei vielen anderen Nationen von großer Bedeutung ist, ist die Liebe. Mit Recht schreibt Bezzel[124]: „Der Schlüssel zum Herzen der Menschen wird nie unsere Klugheit, sondern immer unsere Liebe sein!“ Das bestätigt auch die Auswertung der Zeugnisse, dass nämlich die Freundlichkeit und die Liebe von messianischen Juden und Evangelisten aus den Nationen das schwere Hindernis der kommunistischen Prägung und die Ablehnung auf Grund des jüdischen Hintergrundes durchbrechen. So war es auch unter anderem bei der skeptisch gesonnenen Anna aus Arad:

*„Ich kann mich an meine letzte Frage, die ich dem Missionar stellte, erinnern. Jetzt scheint mir diese Frage so einfach und sogar lächerlich zu sein, aber damals war sie für mich von großer Bedeutung. Ich fragte: ‚Lieben Christen die Juden?' ‚Ja, natürlich', sagte der Missionar und ich habe nicht nur die Worte gehört, ich habe die Liebe gesehen, die Liebe Gottes in seinen Augen. Gerade in diesem Moment füllte sich mein Herz mit Frieden und Ruhe... Der Kampf war zu Ende und Gott hatte gesiegt. Ich betete dann zu Christus und nahm ihn auf. Dieser Tag ist zu meiner geistlichen Geburt geworden."*

Maxim, dem die atheistische Erziehung auch ein Hindernis war, konnte die freundliche Andersartigkeit der Gläubigen an Jesus nicht übersehen: „Ich sah, dass die Menschen, die mich einluden, anders waren." Das Gleiche sagt auch die ehemalige Leiterin einer kommunistischen Jugendorganisation (Komsomol): „Ich hörte viele Zeugnisse... auch Zeugnisse von Missionaren. Sie alle haben in meinem Leben einen großen Eindruck hinterlassen." Die liebevolle Art eines Verkündigers hilft nicht nur, den Menschen ein Zeugnis von Jesus zu vermitteln oder die Zuhörer für weitere Besuche einer biblischen Gemeinde zu gewinnen, sondern wirkt ermutigend für die messianischen Juden. Als Schimon mit seiner Frau einen Kurzurlaub am Toten Meer machten, begegneten sie einer christlichen Gruppe aus Deutschland. Die Bekanntschaft mit den Christen aus den Nationen und die mit ihnen verbrachte Zeit beeindruckten Schimon. Als er nach dem Urlaub zurück zu seiner Gemeinde kam, bat er während des Gottesdienstes beim Pastor um eine Genehmigung, ein Zeugnis zu erzählen. Als ihm seine Bitte gewährt wurde, sagte er mit Tränen an den Augen Folgendes: „Liebe Geschwister, es gibt auf der Erde Menschen, die uns Juden lieben." Sein Zeugnis wirkte sehr positiv auf die Zuhörer. Dadurch, so nahm ich es wahr, wurde folgender Eindruck vermittelt:

*„Wenn wir als messianische Juden auch von so vielen Menschen in unserem Land nicht verstanden und verspottet werden, gibt es doch noch Menschen auf der Erde, die zu uns stehen und uns lieben."*

Eines Tages begegnete ich einem deutschen Christen in Israel. Er bat mich, ihn zu übersetzen. Gerne sagte ich zu und fragte zugleich: Wo und warum? Darauf zitierte er einen Vers aus Jesaja 60,14: „Und gebeugt werden zu dir kommen die Söhne deiner Unterdrücker, und alle, die dich geschmäht haben, werden sich niederwerfen zu deinen Fußsohlen." Er fügte hinzu: „Dieser Vers spricht von mir. Ich bin ein Sohn eines Unterdrückers. Mein Vater war ein deutscher Offizier während des Zweiten Weltkrieges. Er hat sich gegen das jüdische Volk schuldig gemacht. Ich will mich vor den Juden beugen und erzählen, warum ich es tue. Würdest du mich übersetzen?" Darauf habe ich ihn in einen Schachclub gebracht, wo einige Juden Schach spielten. Der Christ beugte sich vor den Juden und bat um Vergebung. Als wir von da weggingen, sagte er zu mir: „Jeden Juden, den du als Reiseleiter aus Deutschland nach Israel mitnimmst, für den bezahle ich das Flugticket." Auf Kosten seiner liebevollen Geste den Juden gegenüber habe ich schon einige jüdische Touristen aus Deutschland nach Israel gebracht.

Ich, Autor des Buches, bin immer wieder sehr froh, in Israel Christen aus den Nationen zu begegnen, die respektvoll und liebevoll die Evangeliumsbotschaft verbreiten. Ich war auch sehr froh, als ich einige Artikel über die liebevolle Beziehung der Protestanten im zaristischen Russland zu Juden las (zur Zeit meiner Großväter und Urgroßväter). Froh war ich, dass in der Vergangenheit nicht nur Fehler in der Verbreitung des Evangeliums unter der jüdischen Bevölkerung gemacht worden sind, sondern es auch vorbildliche Beispiele gab. Deshalb möchte ich auch einige Beispiele aus der Vergangenheit über die liebevolle Beziehung zwischen Protestanten und Juden im zaristisches Russland aufführen.

# Die Entdeckung der biblisch-jüdischen Identität

## Veränderungen im Leben eines Juden nach der Bekehrung zu Jesus

Eine totale Veränderung nach der Bekehrung wird auf verschiedene Weise ausgedrückt, wie z.B. „auf 180 Grad" bei Schimon und bezieht sich auf alle Lebensbereiche sowie die Beziehung zu anderen Menschen, zu sich selbst, zur Welt, zu Lügen, zur „Vernichtung des eigenen Ichs", dem Verhältnis zum Alkohol, Fluchen, Kämpfen, usw. Kima, der stark unter der Alkoholsucht litt, bezeugte Folgendes über seine Veränderung: „Ich bin vom Alkohol frei geworden, ich fluche nicht mehr und beteilige mich auch nicht mehr an Schlägereien. Die Beziehung zu den Menschen hat sich ebenfalls geändert. Ich kann nachgeben... und erzähle über die Rettung durch Jesus unter Gläubigen und Ungläubigen." Olga aus Mitzperamon, die mit ihrer Freundin den ersten Hauskreis in der Stadt bildete, bezeugte über ihre Veränderung:

*„Nach der Bekehrung hat sich mein ganzes Leben von Kopf bis Fuß verändert. Ich möchte nicht einmal eine Liste erstellen, weil sich alles verändert hat, z.B. mein Verhältnis zu den Mitmenschen, zur Welt, zu den Juden und zu den Eltern. Der Heilige Geist arbeitet in meinem Leben, besonders im Bereich der Liebe."*

Es war einigen Befragten wichtig zu betonen, dass sie nach der Bekehrung inneren Frieden bekommen haben. Simion berichtet: „Manchmal dachte ich, dass ich die Wahrheit gefunden habe, aber letztlich fühlte ich mich leer. Meine Seele hungerte, aber ich konnte sie nicht sättigen." Als aber Simion sich zu Jesus bekehrte, konnte er über sein neues Leben begeistert Folgendes sagen: „Ich bin glücklich. Ihm sei die Ehre in aller Ewigkeit." Nach der Bekehrung zu Jesus Christus, so bezeugten es die Interviewten, verging auch die innere Unruhe und die Suche nach Frieden wurde in Jesus gestillt. Anna z. B. schreibt über ihre Veränderung nach der Bekehrung zu Jesus: „Gerade in diesem Moment füllte sich mein Herz mit Frieden und Ruhe. Das war ein interessantes Gefühl, als ob ein stürmischer Wind plötzlich still wurde." Artur fiel, als er das erste Mal mit seinen Freunden Artjom und Jan eine messianische Gemeinde besuchte, die friedliche Atmosphäre unter den an Jesus gläubigen Juden auf. Er schreibt:

*„Die Leute waren dort zueinander vielleicht auch fremd, aber ich spürte da ein Vertrauen zueinander, ich fühlte mich gelassen, ruhig und friedlich unter ihnen. Später habe ich verstanden, dass es Gott ist, der unter ihnen gegenwärtig ist und ihnen den Frieden, Liebe und Verständnis zueinander schenkt."*

Lena z.B., die als junges Mädchen nach Israel gekommen ist und stark unter den Eheproblemen ihrer Eltern gelitten hat, schreibt Folgendes über ihr Leben nach der Bekehrung:

„Jetzt habe ich ein anderes Leben. Ich habe einen wunderbaren Vater - Gott, der mich sehr liebt und sich um mich, meine Brüder und meine Mutter kümmert. Ich verzage nicht mehr, weil das Leben mit Gott eine unerklärbare Freude ist. Ich finde in ihm alles dass, was mein irdischer Vater nicht geben konnte."

Simion, der sehr unter einigen Problemen wie Scheidung, Verlust der Familie, Enttäuschung über Israel und unter Depressionen litt, schreibt Folgendes über seinen Zustand nach der Bekehrung:

*„Das Licht durchleuchtete meine Seele. Ich erkannte, dass ich ein Sünder bin. Ich bekehrte mich und nahm Jesus Christus als Herrn und Retter an. Nach dem Gebet wurde ich mit einer Freude erfüllt, die ich schon seit Jahren nicht mehr kannte. Ich bin glücklich. Ihm sei die Ehre in aller Ewigkeit."*

Jesus erfüllt das „Ihr werdet Ruhe finden für eure Seelen" im Leben der messianischen Juden wie auch bei Menschen aus den Nationen. Halleluja!!!

## Verändertes Verhältnis zum Judentum und zu Israel nach der Bekehrung zu Jesus

Auch das Verhältnis zum Judentum änderte sich nach der Bekehrung gravierend. Wenn die Juden am Anfang des neuen Lebens z.B. in großer Versuchung standen, Verräter des eigenen Volkes zu werden oder das Judentum plötzlich verloren zu haben, so änderte sich dieses nach der Bekehrung. Zum Beispiel bestätigten folgende Zitate der Interviewten die positive Veränderung zum Judentum nach der Bekehrung. Boris schreibt: „Ich fühle mich 100% als Jude... Nach der Bekehrung bin ich stolz, ein Jude und Sohn dieses Volkes zu sein... „ Das Gleiche bezeugt auch Olja aus Mizpe-Ramon. Sie schreibt:

*„Ich fühle mich 100% als Jüdin. Durch die Bekehrung ist meine Gefühlszugehörigkeit zum jüdischen Volk von 0% auf 100% gewachsen... Das Judentum war früher für mich wie ein Aussatz. Ich floh, als ich hörte „sie ist eine Jüdin", ich bekam ein Gefühl, als sei ich eine Aussätzige. Jetzt aber freue ich mich und habe sogar Gefühle des Stolzes, dass ich zu diesem Volk gehöre. Und wenn von dem Gott Abrahams, Isaaks und Jakobs gesprochen wird, stockt mir der Atem. Ich denke dann, das ist mein Großvater und nicht Ur-Ur-großvater."*

Bei Simion, der vor der Bekehrung zu Christus keine besondere Beziehung sowohl zum Judentum als auch zu Israel hatte, änderte sich nach der Bekehrung sein Verhältnis zum Judentum und zum Land Israel. Er schreibt:

*„Ich wusste schon von Kindheit an, dass ich ein Jude bin. Ich bin auch vor dem Judentum nie geflohen, eher umgekehrt, ich habe es mit Fäusten verteidigt. Aber jetzt in Israel wusste ich auf einmal nicht, was mein Judentum bedeutet. Die Sprache kannte ich nicht,*

*die Traditionen pflegte ich nicht, beschnitten war ich auch nicht... Israel hatte aber mit dem Judenbild, das ich aus meiner Familie bekommen hatte, nichts zu tun. Ich war nicht stolz auf Israel und sah darin nur Probleme für mein Leben. Ich kannte Israel nicht als Heimatort meiner Urväter, sondern über Jahrzehnte als einen hinterlistigen und grausamen Aggressor. Unsere Ausreise nach Israel hatte meine Denkweise sehr verändert, aber in vielerlei Hinsicht blieb es für mich fremd. Und erst ab der Zeit, in der ich ein Kind Gottes geworden bin, habe ich es echt als mein Land erkannt."*

Aus den Zeugnissen der Interviewten und auch aus dem Leben anderer messianischen Juden sieht man, dass die bekehrten Juden durch die Zuwendung zu Jesus Vergebung und Versöhnung mit Gott bekommen haben. Aber auch die positiven Beziehungs-veränderungen nach der Bekehrung zu Jesus, wie z.B. zum Staat, zum Judentum, zu anderen Mitmenschen, zu sich selber, zur Familie usw. sind nicht zu übersehen[125].

Das Leben vieler jüdischen Neueinwanderer ist von Sorgen und Problemen gekennzeichnet. Die Umstellung auf das Leben in Israel sowie das Erlernen der hebräischen Sprache, der Umgang mit verschiedenen ethnischen Volksgruppen, die Arbeitslosigkeit, Terroranschläge, Zukunftsangst und andere Sorgen wirken belastend auf die Einwohner Israels[126]. Vor dem Hintergrund dieser Tatsachen ist es wichtig, den Menschen die Evangeliums-Botschaft zu bringen, damit sie, wie aus den Zeugnissen ersichtlich wurde, die Freude kennen lernen.

## Zusammenfassung

Der soziale, historische und religiöse Hintergrund der Juden im zaristischen Osteuropa war von Feindseligkeit, Aggressivität und sogar vernichtenden Gewalt auf ihrem langen Exilweg gekennzeichnet. Ihre soziale und kulturelle Andersartigkeit, ihr starkes religiöses Empfinden, ihre Achtung vor dem Tanach, ihre Begabung in der Wirtschaft und ihre Sparsamkeit, Beharrlichkeit und Fleiß ebenso die Wertschätzung der Familie isolierten oft ihre Beziehung zur Umwelt. Das Bewusstsein einer besonderen geschichtlichen Auserwählung half den Juden die Gemeinschaft untereinander zu suchen, zu fördern und auch den Weg der Zerstreuung unter den Nationen nicht nur zu überleben, sondern auch die Möglichkeiten zu nutzen, das Leben aktiv mitzugestalten und bei wirtschaftlichen und wissenschaftlichen Errungenschaften oft die bedeutendste Rolle zu spielen. Andererseits führten ihre Erstgeburtsgesinnung und ihr Festhalten am Glauben der Väter zu Spannungen mit den religiösen Führern der sie umgebenden Nationen.

Die benachteiligte Stellung, die Empfindung, dass man ein Fremdling, ein Ausländer ist, trug viel dazu bei, dass sie in der Revolution eine Hoffnung sahen. In der neuen Gesellschaft, in der nationale und religiöse Unterschiede nicht mehr diskriminiert wurden, wo es für jeden eine Ausbildungsmöglichkeit gab und wo sie als Juden nicht mehr in den eingegrenzten Wohngebieten leben mussten, sondern Bewegungsfreiheit hatten, hoffte das viel geplagte Volk durch die vielversprechende Revolution Ruhe, Frieden und Erfüllung für sich und für die zukünftigen Generationen zu finden. Doch genau das haben sie in der ex-sowjetischen Ideologie nicht gefunden. Der Friede mit Gott und die Ruhe sind nur bei Jesus zu finden.

Als Christen haben wir die Verantwortung, unter Juden in Deutschland und überall auf der Welt, wo Juden leben, das christliche Zeugnis liebevoll vorzuleben. Ernst Schrupp[127] ermutigt uns in Deutschland durch die Aussage von Avi Snyder[128] dazu: „Auf einer Tagung betonte der jüdische Evangelist Avi Snyder unsere Verantwortung für das christliche Zeugnis unter Juden in Deutschland. Gott bringt Juden nach Deutschland, damit sie hier nach der Judenvernichtung das rettende Evangelium erfahren können. Von den Christen erwartet Gott, ihr Schweigen zu beenden und „uns Juden die Botschaft des Lebens zu sagen". Christen aus den Nationen und Judenchristen hätten den gemeinsamen Auftrag, das Evangelium allen Menschen zu verkündigen."

# Endnoten

1 Die Diagnose lautete: Hepatitis B im Stadium des Übergangs in eine Zirrhose.

2 Almaty. Im Jahre 1987 hieß die Stadt noch Alma-Ata. Sie war die Hauptstadt von Kasachstan.

3 Arad ist eine Stadt in Südisrael. Sie befindet sich etwa 25 Kilometer westlich des Toten Meeres und 50 Kilometer östlich von Beerscheba, 100 km südlich von Jerusalem. M. Sartakova 2008. Vokrug sweta. ISRAJL

4 Der Negev entspricht etwa dem Süddistrikt des Staates Israel. Die Region umfasst rund 60% des Staatsgebietes, jedoch wohnen dort nur rund 10% der Einwohner.

5 CMA. Christian missionary Alliance

6 Beerscheba gilt als „Hauptstadt der Wüste Negev", an deren nördlichem Rand sie liegt.

7 Eilat ist eine Stadt an der Südspitze Israels im Süden der Wüste Negev.

8 Haifa liegt in Nordisrael an der Bucht von Haifa und am nördlichen Abhang des Karmelgebirges am Mittelmeer.

9 Michail Zinn - Leiter des messianischen Zentrums in Jerusalem und Direktor des israelischen Zweiges von Chosen People Ministries.

10 Kfar Saba ist eine Stadt in Israel im Großraum Gusch Dan, etwa 15 Kilometer nordöstlich von Tel Aviv, an der Grenze zum Westjordanland gelegen.

11 MT (messianisches Zeugnis) Messianic Testimony was constituted in 1977 with the merger of the Mildmay Mission to the Jews, founded by John Wilkinson in 1876, and the Hebrew Christian Testimony to Israel, founded by David Baron and C A Schönberger in 1893.

12 Leitfadeninterviews sind Interviews, bei welchen der Forscher über einen Leitfaden verfügt, der Fragen über das im Gespräch abzudeckende Thema enthält, jedoch keine Vorgaben in Bezug auf die Formulierung der Antworten vorgibt. Der Befragte teilt, durch die Anregung des Leitfadens, seine Erfahrungen und sein Wissen über das Forschungsziel im Laufe des Gesprächs oder schriftlich mit, so dass die Möglichkeit, auf begrenzte Fragen vorgefertigte Antworten zu geben, gering ist. GIRTLER, R: 1992. S.152. Methoden der qualitativen Sozialforschung: Anleitung zur Feldarbeit. 3. unveränderte Auflage. Wien-Köln-Weimer: Bölau Verlag.

13 Das 1909 gegründete Tel Aviv war ursprünglich ein Vorort der bereits seit der Antike bestehenden Hafenstadt Jaffa.

14 Der Fluss Jordan bildet die Grenze zwischen Israel und Jordanien. Für den Abschnitt zwischen dem See Genezareth und dem Toten Meer wird mit zahlreichen Krümmungen eine Länge von 210 km angegeben, obwohl die beiden Seen nur 105 km voneinander entfernt sind.

15 Schon sofort nach der Revolution war das Leben vieler Volksgruppen in Gefahr. In einer Anweisung aus dem Jahre 1918, so Katz, heißt es:

16 „Sucht nicht nach Ursachen oder Bestätigungen, dass der Beschuldigte durch Wort oder Tat gegen die sowjetische Obrigkeit schuldig geworden ist. Die erste Frage muss lauten: Zu welcher Klasse gehört er? Dann nach seiner Herkunft, Erziehung, Bildung und Beruf. Diese Fragen sollen das Schicksal des Betreffenden festlegen...". Evrei Christianstvo Rossija. Sankt-Peterburg: Katz 1997: 276

Mit ähnlichen Worten berichtet Solzenicyn über die grausame Vorgehensweise des Roten Terrors:

„Getötet und geplündert hat jeder, der konnte und wollte und wen er wollte... Vernichtet wurden die Familien der Landbesitzer, ihr ganzes Gut wurde in Brand gesetzt, alles wurde geplündert... Auf den Straßen wurden Menschen hingerichtet. Besitzer von Fabriken wurden vertrieben. Tausende von Menschen wurden zu Ehren der proletarischen Revolution erschossen. Andere verbrachten Jahre als Verräter in stinkenden Gefängnissen. Nicht die Schuld war das Ausschlaggebende für die Urteilssprechung, sondern die Zugehörigkeit zu einer bestimmten Klasse von Menschen. Unter Umständen, in denen verschiedene Gruppen von Menschen zum Tode verurteilt wurden, würde es ein Wunder sein, wenn die Gruppe der Juden verschont geblieben wäre...“

SOLZENICYN, A. 2002. S. 159. Dvesti let vmeste. Issledovanija noveisej russkoj istorii. Moskva. East' II: Russkij put'.

Im Jahre 1938 des Großen Terrors sind unter anderen auch viele Russlandsdeutsche hingerichtet worden. Die Generation meiner Eltern blieb zum größten Teil ohne Väter und meine Generation ohne Großväter. Bei meiner Ehefrau und auch bei mir sind die Großväter und alle Onkels im Jahre 1938 zunächst verhaftet und später hingerichtet worden. Hier einige Zahlen von ermordeten Russlandsdeutschen:

Hungerkatastrophe 1932/33

Ende 1929 begann Stalin mithilfe von Terror die zwangsweise Kollektivierung der Landwirtschaft durchzusetzen. Dies führte 1932/1933 zu einer weiteren, noch verheerenderen Hungerkatastrophe als 1920/21. Die Angaben der Opfer reichen von 3 bis annähernd 11 Millionen Menschen (siehe auch Holodomor). Unter ihnen befanden sich etwa 350.000 Russlanddeutsche.

Vor dem Zweiten Weltkrieg Spätestens mit der Machtergreifung der Nationalsozialisten in Deutschland wurden die Russlanddeutschen wieder als „innerer Feind" betrachtet und heimlich in Listen erfasst (1934). Repressionen und Verhaftungen angeblicher „Spione" oder „Sowjetfeinde" nahmen zu. Allein in der Ukraine wurden 1937/38 122.237 Deutsche zum Tode, 72.783 zu Haftstrafen von zumeist 10 bis 25 Jahren verurteilt. Die Situation entspannte sich nur vorläufig nach Abschluss des Hitler-Stalin-Paktes 1939.
https://de.wikipedia.org/wiki/Geschichte_der_Russlanddeutschen

300.000 „Arbeitssklaven" starben in Lagern. Zusätzlich erließ Stalin am 8. September 1941 den Befehl, dass die Deutschstämmigen aus der Roten Armee ausgestoßen und in Arbeitskolonnen ins Hinterland geschickt werden sollten. Diese ehemaligen Soldaten bildeten den Grundstock für die „Trudarmija", die sog. „Arbeitsarmee". Zu diesem Grundstock kamen die Männer, die den Weg in die Deportation überlebten. Ab 1942 wurden auch die Frauen zwischen 16 und 45 Jahren zur Zwangsarbeit abkommandiert. Die „Arbeitsarmee" bestand aus einem System von Lagern zur Zwangsarbeit. Mit Hilfe dieser aus Deutschen und anderen Deportierten bestehenden „Arbeitsarmee" konnten sowohl die unwirtlichen Nordregionen der Sowjetunion als auch Mittelasien erschlossen werden. In den Lagern herrschten die gleichen Verhältnisse wie in den Straflagern des GULAG, das bedeutete: Es waren von der Außenwelt abgeschlossene Lager, in denen nahezu unerfüllbare Arbeitsleistungen bei geringster Verpflegung erbracht werden mussten. Die Unterbringung war unzumutbar und es gab nur minimale ärztliche Versorgung. Die deutschen Arbeitssklaven trugen so dazu bei, dass die Sowjetunion schließlich Hitler besiegen konnte. Schätzungen gehen davon aus, dass die Zahl der Todesopfer bei etwa 30% lag. Daraus lässt sich ableiten, dass von 1941-1946 von den etwa 970.000 Deutschen, die von der Deportation erfasst waren, etwa 300.000 Personen ums Leben kamen. https://www.ekd.de/download/Arbeitshilfe.pdf

17 The Bible House. Gemeindezentrum der messianischen Juden in Beerscheba. Beerscheba, Old City 39, Rambam

18 Haifa liegt in Nordisrael an der Bucht von Haifa und am nördlichen Abhang des Karmelgebirges am Mittelmeer. Am Nordrand der Stadt befindet sich Israels größter Seehafen.

19 Als Tanach bezeichnet das Judentum die Bibeltexte, die als normativ für die eigene Religion gelten. Der Tanach besteht aus den drei Teilen Tora ("Weisung"), Nevi'im ("Propheten") und Ketuvim ("Schriften"). Das Christentum hat alle Bücher des Tanach übernommen. HOEKENDIJK, BEN. 1995. So fanden wir den Messias. Neuhausen-Stuttgart: Hänssler. S. 224

20 Jesaja 53. Spricht in einer außerordentlich intensiven Form von den Leiden unseres Herrn Jesus Christus. In der christlichen Theologie hat dieses Kapitel eine zentrale Bedeutung.

21 Mitzperamon ist eine israelische Kleinstadt in der zentralen Negev-Wüste, etwa 80 Kilometer südlich von Beer Scheba.

22 Mal. 3,14-15.18 „Ihr sagt: Es ist umsonst, dass man Gott dient; und was nützt es, dass wir sein Gebot halten und in Trauer einhergehen vor dem HERRN Zebaoth? 15 Und nun preisen wir die Verächter; denn die Gottlosen gedeihen, und die Gott versuchen, bleiben bewahrt. 18 Dann sollt ihr wieder sehen, was für ein Unterschied ist zwischen dem Gerechten und dem

Gottlosen, zwischen dem, der Gott dient, und dem, der ihm nicht dient."

23 „So fürchte dich nun nicht, denn ich bin bei dir. Ich will vom Osten deine Kinder bringen und dich vom Westen her sammeln, ich will sagen zum Norden: Gib her! und zum Süden: Halte nicht zurück! Bring her meine Söhne von ferne und meine Töchter vom Ende der Erde." Jes. 43,5-6
„Wer hat solches je gehört? Wer hat solches je gesehen? Ward ein Land an einem Tage geboren? Ist ein Volk auf einmal zur Welt gekommen? Kaum in Wehen, hat Zion schon ihre Kinder geboren." Jes. 66,8

24 „Denn uns ist ein Kind geboren, ein Sohn ist uns gegeben, und die Herrschaft ist auf seiner Schulter; und er heißt Wunder-Rat, Gott-Held, Ewig-Vater, Friede-Fürst; auf dass seine Herrschaft groß werde und des Friedens kein Ende auf dem Thron Davids und in seinem Königreich, dass er's stärke und stütze durch Recht und Gerechtigkeit von nun an bis in Ewigkeit." Jes. 9,5-6

25 Wilhelm Pahls, geb. am 08.03.1936 in Celle, ist ein deutscher Evangelist und Prediger.

26 Arad ist eine Stadt in Israel. Sie befindet sich etwa 25 km westlich vom Toten Meer und 45 km östlich von Beerscheba.

27 Jiddisch: Es ist eine rund tausend Jahre alte Sprache, die von den aschkenasischen Juden in Deutschland gesprochen und später auch geschrieben wurde. Es ist eine aus dem Mittelhochdeutschen hervor gegangene westgermanische, mit hebräischen, aramäischen, romanischen, slawischen und weiteren Sprachelementen angereicherte Sprache.

28 Rosch ha-Schana, zu deutsch „Haupt des Jahres", auch „Anfang des Jahres", ist der jüdische Neujahrstag.

29 Jom Kippur, wörtlich übersetzt Tag der Sühne, Versöhnungstag. Er ist der höchste jüdische Feiertag.

30 Pessach, auch Passah; griechisch pás-cha; wörtlich „Vorüberschreiten", gehört zu den wichtigsten Festen des Judentums. Es erinnert an den Auszug aus Ägypten, also die Befreiung der Israeliten aus ägyptischer Sklaverei.

31 Matza ist „ungesäuertes Brot", es ist ein getrockneter dünner Brotfladen, der von religiösen und traditionsverbundenen Juden während des Pessach gegessen wird. Matze wird aus Wasser und einer der fünf Getreidearten, Weizen, Roggen, Gerste, Hafer oder Dinkel, ohne Treibmittel gefertigt.

32 Der Sabbat beginnt vom Sonnenuntergang am Freitag und endet beim Sonnenuntergang am Samstag, wenn es anfängt dunkel zu werden und die ersten Sterne erscheinen.

33 Лео Таксиль. La Bible amusante pour les grands et les enfants. Забавная Библия.

34 Auch ich, Jakob Kröker hatte zwei Semester „Prinzipien des wissenschaftlichen Atheismus", als ich 1985–87 in Almaty Philologie studierte,

35 Viktor Klimenko ist ein finnischer Sänger. Seit den 1980er Jahren singt er verstärkt christliche Lieder.

36 Schelter, zu deutsch Herberge oder Schirm. Das Wort kommt aus dem Psalm 91,1: „Wer unter dem Schirm des Höchsten sitzt und unter dem Schatten des Allmächtigen bleibt..." In Englisch: "He who dwells in the Shelter of the Most High will abide in the shadow of the Almighty."

37 Die Republik Moldau liegt zwischen Rumänien und der Ukraine und umfasst etwa 33.700 km$^2$

38 Tiraspol liegt am östlichen Ufer des Dnister in der Moldau.

39 Als am 27. August 1991 Moldawien unabhängig wurde, kamen viele politische Veränderungen ins Land.
Die Rechte auf den Gebrauch der eigenen Mutterspra-
che in Schulen, im Rechtssystem und Gesundheits-
wesen, das Recht auf die Benutzung des lateinischen
Alphabets anstelle des kyrillischen, das Recht auf freie
Meinungsäußerung, auf Gewissens-, Glaubens- und
Religionsfreiheit und vieles andere wurden in Kraft
gesetzt.

40 Die Perestroika in der Ex-Sowjetunion wurde für die
jüdische Gemeinschaft in Deutschland von großer
Bedeutung. Der Umbruch in der Sowjetunion löste
unter anderem bei jüdischen Ex-Sowjetbürgern auch
Angst vor dem zunehmenden Antisemitismus aus.
Für viele von ihnen wurden auch europäische Länder,
unter anderem Deutschland, zum Zufluchtsort. 1991
beschlossen Bund und Länder eine offizielle Zuwan-
derungsregelung für Juden aus der Ex-Sowjetunion.
Es sind über 160.000 Menschen im Rahmen der „jüdischen Zuwanderung" seit den Neunziger Jahren
nach Deutschland gekommen.

41 Messianische Juden sind Menschen überwiegend jüdischer Abstammung, die an Jesus Christus als ihren
Messias glauben, sich aber dennoch weiterhin mit
fortführender Zelebrierung einiger jüdischer Bräuche
als Juden verstehen.

42 Südfriedhof von St. Petersburg. Seine Fläche beträgt
262 Hektar.

43 Der russische Rubel ist die Währung der Russischen
Föderation. Er ist unterteilt in 100 Kopeken. Der
Name des Rubels stammt aus dem 14. Jahrhundert.

44 Goi, auch Goj, ist ein auch im Deutschen verwendetes
jiddisches Wort, das einen Nichtjuden bezeichnet.

45 Sowjetisch-Afghanischer Krieg. 1979, in der Hoch-
phase des Kalten Krieges, hatte die Sowjetunion in

den afghanischen Bürgerkrieg eingegriffen. Der Krieg dauerte etwa neun Jahre.

46 Udmurtien ist eine Republik im russischen Föderationskreis Wolga.

47 Leonid Iljitsch Breschnew war ein sowjetischer Politiker. Er war von 1964-1982 Parteichef der KPdSU, zudem war er auch Staatschef.

48 In Russisch: Мы еврейцы красноармейцы

49 Rekrutierungsbüro Voyenkomat (russisch: Военкомат)

50 In Russisch: Не был членом ВЛКСМ. Не был участником Ленинского зачёта. Еврей

51 Rathaus

52 In der russischen Ausgabe befindet sich der Hebräerbrief vor der Offenbarung.

53 Zu Breshnews Zeit wurden Baptisten öfters als Sekten bezeichnet.

54 3. Mose 23. „Und der HERR redete mit Mose und sprach: 2 Sage den Israeliten und sprich zu ihnen: Dies sind die Feste des HERRN, die ihr ausrufen sollt als heilige Versammlungen; dies sind meine Feste…"

55 Allmächtiger. Als erstes tritt der Name in 1. Mose 17,1 auf. Gott sagt zu Abraham: „Ich bin Gott, der Allmächtige." Juden verbinden diesen Namen mit den Patriarchen: Es ist der Name, mit dem Gott bei ihnen bekannt war. In der Kölner Synagoge habe ich öfters gehört, dass Gott als Allmächtiger angesprochen wird.

56 Rollatoren sind Gehhilfen für Senioren beziehungsweise für Menschen mit Behinderung.

57 Dr. Efraim Solomonovitch sprach nur russisch.

58 Zu der Zeit lief in der Freikirche Köln-Ostheim jeden Samstag ein messianischer Gottesdienst in russischer Sprache für Juden und jeden Sonntag um 13.00 h ein

christlicher Gottesdienst in russischer Sprache für alle, die russisch verstehen.

59 Prof. Dr. Werner Gitt ist Buchautor und bekannter Evangelist.

60 Peter Enns. Stellvertretender Leiter des Messianischen Kreises in Köln.

61 Ein hervorragender Schulabschluss wurde zu der Zeit in Russland mit einer Medaille oder einem roten Zertifikat ausgezeichnet.

62 Dnipropetrowsk ist mit etwa einer Million Einwohnern eine Stadt in der Ukraine.

63 Der Autor dieses Buches hat 13 Jahre Metallräder von Lokomotiven, die Viktor in der Ukraine entwickelt hat, als Dreher an einer sehr großen Drehbank im Lok-Depot der Stadt Almaty bearbeitet.

64 Auszüge aus Viktors Buch: Die Chronologie der Heiligen Schrift. S. 9. ISBN: 978-3-869542-62-1

65 Zitat aus Viktors Buch: Die Chronologie der Heiligen Schrift. S. 9. ISBN: 978-3-869542-62-1

66 Kapernaum. hebräisch: כְּפַר נָחוּם Kfar Naum, „Naums Dorf".

67 Es gibt Forscher, die 4004 Jahre von Adam bis Christus datieren. Zum Beispiel James Ussher (1581-1656), ein anglikanischer Erzbischof, berechnete, dass sich die Schöpfung 4004 Jahre vor Christus ereignete.

68 Zitat aus Viktors Buch: Die Chronologie der Heiligen Schrift. S. 4. ISBN: 978-3-869542-62-1

69 Zitat aus Viktors Buch: Die Chronologie der Heiligen Schrift. S. 4. ISBN: 978-3-869542-62-1

70 Ebd.: S. 7-8.

71 Ebd.: S. 12.

72 Nachman V. Die Chronologie der Heiligen Schrift. S. 11. ISBN: 978-3-869542-62-1

73 Im Jahre 1860 begann Pastor Bohnekämper in Rohrbach bei Odessa in der damals russischen Ukraine die

sonntägliche Stunde in russischer Sprache zu halten. Diese „Stunde" schätzten seine aus Süddeutschland stammenden Bauern als eine aus dem Pietismus stammende Form der Bibelbesprechung. Da die Ukrainer und Russen noch keine Bezeichnung für diese Art von Versammlungen um die Bibel hatten, übernahmen sie von deutschen Nachbarn das Fremdwort „Stund" GAWRONSKY, M. (Jahr nicht angegeben). S. 8-13. Eine Russlandreise in unseren Tagen. Korntaler Hefte 2. Stuttgart-Hohenheim: Hänssler.

74 KUSCHNIR, V. 1997. S. 156. Zisn' Iis odna. Biografija Leona Rosenberga. SSA (USA): Slavjanskoe Christianskoje Isdatel'stvo.

75 KJAER-HANSEN, K. 1997. S 36. Iosif Rabinoviez i messianskoje dvizenie. Sankt Petersburg: Biblija dlja vsech.

76 Ebd.,: S. 36f

77 KUSCHNIR, V. 1997. S. 186f. Zisn' Iisch odna. Biografija Leona Rosenberga. SSA (USA): Slavjanskoe Christianskoje Isdatel'stvo.

78 Ebd.,: 189

79 KUSCHNIR, V. 1997. S. 192. Zisn' Iisch odna. Biografija Leona Rosenberga. SSA (USA): Slavjanskoe Christianskoje Isdatel'stvo.

80 Ebd.,: 221

81 Ebd.,: 221

82 Es handelt sich hier um die plattdeutsche Sprache (Reger 1960:16).

83 KJAER-HANSEN, K. 1997. S. 44-45f. Iosif Rabinovitz i messianskoje dvizhenije. Sankt-Peterburg: Biblija dlja vsech. Es handelte sich in diesen Dogmen, wie sich Judenchristen in Bezug auf Beschneidung, die Einhaltung des Sabbats und der Gesetze, den Stellenwert des Talmuds usw. verhalten sollen.

84 Ebd.,: 221. S. 44f.

85 KUSCHNIR, V. 1997. S. 191. Zisn' Iisch odna. Biografija Leona Rosenberga. SSA (USA): Slavjanskoe
Christianskoje Isdatel'stvo.

86 Innerhalb des Volkskommissariats, das unter der Leitung von Stalin verantwortlich für nationale Fragen
war, wurde im Jahre 1918 ein jüdisches Kommissariat
gegründet. Außer der nationalen Frage beschäftigte
es sich mit der Bekämpfung der jüdischen Religion
(Frumkin & Aronson & Goldenweiser 2002: 214).

87 SCHOEPS, J. (Hg.) 2000. S. 404 Neues Lexikon des
Judentums. Gütersloh: Gütersloher Verlagshaus.

88 FRUMKIN, J.& ARONSON, G.& GOLDENWEISER,
A. 2002. Kniga o russkom evrejstve 1917-1967. Moskva: Dom Kultury. S. 249

89 ETTINGER, S. 1990. S. 650. Otcherk istorii evrejskogo naroda 1. Sed'moj tiraz Israel: Biblioteka-Alija.

90 MESSMER, M. 1992. S. 43. Die Judenfrage in der
Sowjetunion. Konstanzer Schriften zur Schoah und
Judaica. Herausgegeben von Erhard Roy Wiehn. Har-
tung-Gorre Verlag Konstanz.

91 SOLZENICYN, A. 2001. S. 91 Dvesti let vmeste. Issledovanija noveishej russkoj istorii. Moskva. East' I:
Russkij put'.

92 SOLZENICYN, A. 2002. S. 393. Dvesti let vmeste. Issledovanija noveishej russkoj istorii. Moskva. East' II:
Russkij put'.

93 KAZ, A.1997. S. 408-422. Evrei Christanstvo Rossija.
Sankt Peterburg: Novyj Leksikon

94 SOLZENICYN, A. 2002. S. 498. Dvesti let vmeste. Issledovanija noveishej russkoj istorii. Moskva. East' II:
Russkij put'.

95 1. Kor 16,9

96 Sogar mehrmals im Jahr werden israelische Gruppen
vom Missionswerk „Tabea" eingeladen und liebevoll
betreut.

97 Meine drei Kinder und mein Schwiegersohn waren jeweils für einen bestimmten Zeitraum in Israel, um dort an sozialen und evangelistischen Projekten mitzuwirken.

98 FLICK, U. 2000. S. 19. Qualitative Forschung. Theorie, Methoden, Anwendungen in Psychologie und Sozialwissenschaften. 5. Auflage. Hamburg: Rowohlt Taschenbuch Verlag.

99 GIRTLER, R: 1992. S. 152. Methoden der qualitativen Sozialforschung: Anleitung zur Feldarbeit. 3. unveränderte Auflage. Wien-Köln-Weimer: Bölau Verlag.

100 Ebd., 152

101 Lida. Eine messianische Jüdin aus Beerscheba.

102 Boris. Pastor aus Südisrael

103 QUADFLIEG, K. 1995. S. 59. Ohne Jesus kein Heil. Das Elend des modernen Israel. Hamburg: Verlag C:M: Fließ.

104 MAOZ, B. 2003. Milost' i istina. Rishon LeTzion:Tali.

105 MAY, F. 1996. Aufbruch im Heiligen Land. Wetzlar: Schulte & Gerth.

106 LEONHARD, W. 1976. S. 70. Was ist Kommunismus? Wandlungen einer Ideologie. München: C. Bertelsmann Verlag.

107 THEIMER, W.1985. S 194. Der Marxismus. Lehre - Wirkung - Kritik. Tübingen: Francke Verlag.

108 GAUß, K-M. & HARTINGER L. 1988. S. 30. Marxismus. Die revolutionären Thesen des deutschen Bürgersohnes Karl Marx haben die Welt entscheidend verändert. Wien: hpt - Verl. Das der Marxismus der Religion gegenüber in der Ex-Sowjetunion feindlich gesonnen - Ges.

109 RAUCH, G. 1955. S. 163. Geschichte der Sowjetunion. Stuttgart: Alfred Kröner Verlag. ROTHENBERG, F. S. 49. (Hg). Christsein heute. Handbuch der Probleme. Band I. Wuppertal: Brockhaus.

110 RAUCH, G. 1955. S. 163. Geschichte der Sowjetunion. Stuttgart: Alfred Kröner Verlag.

111 TELUS, W. 1998. S. 280. O duchovnoj istorii evrejskogo naroda. Moskva: Priszels.

112 Oktjabrjonok - das Wort kennzeichnet Kinder, die zu
der Kinderorganisation der Kommunistischen Partei
gehören.

113 Pionier kennzeichnet Teenies, die zur Jugendorganisation der Kommunistischen Partei gehören.

114 LEONHARD, W. 1976. S. 70. Was ist Kommunismus? Wandlungen einer Ideologie. München: C.
Bertelsmann Verlag.

115 THEIMER, W.1985. S 194. Der Marxismus. Lehre -
Wirkung - Kritik. Tübingen: Francke Verlag.

116 SMITH, H. 1991. S. 617. Die neuen Russen. Reinbek
bei Hamburg: Rowohlt Verlag GmbH.

117 Marzinkovski 1995: 98.

118 SCHOEPS, J. (Hg.) 2000. S. 333. Neues Lexikon des
Judentums. Gütersloh: Gütersloher Verlagshaus.
Tanach - Hebräische Bibel, als Abkürzung nach den
Anfangsbuchstaben der drei kanonischen Hauptele-
mente (Tora, Prophetische Schriften) Tanach ge-
nannt.

119 Dieser Überzeugung ist Pastor Boris.

120 Richard Harvey in Ulrich Laepple 2016. Messianische Juden - eine Provokation. S 29.

121 SCHOEPS, J. (Hg.) 2000. S. 333 Neues Lexikon des
Judentums. Gütersloh: Gütersloher Verlagshaus.

122 Schimon hat mir sein Erlebnis persönlich erzählt. In
seinem alten Leben litt er unter Alkoholsucht.

123 In WANNER, M, 1981. S. 79 Worte für unsere Zeit.
2200 treffende Zitate. Gießen: Brunnen Verlag

124 FRUCHTENBAUM, A. 1998. S. 116. Iisus byl evrej.
Sankt Peterburg: Biblija dlja vsech.

125 QUADFLIEG, K. 1995. S. 98-99. Ohne Jesus kein Heil. Das Elend des modernen Israel. Hamburg: Verlag C:M: Fließ.

126 Langjährige Leiter des Missionshauses Bibelschule Wiedenest

127 Avi Snyder ist Direktor des evangelikalen Missionswerkes „Juden für Jesus".

128 Ernst Schrupp 1999. S. 6. Die messianischen Juden und wir Christen in Deutschland

# Bibliographie:

ETTINGER, S. 1990. Otcherk istorii evrejskogo naroda 1. Sed'moj tiraz Israel: Biblioteka-Alija.

FLICK, U. 2000. Qualitative Forschung. Theorie, Methoden, Anwendungen in Psychologie und Sozialwissenschaften. 5. Auflage. Hamburg: Rowohlt Taschenbuch Verlag.

FRUCHTENBAUM, A. 1998. S. 116. Iisus byl evrej. Sankt Peterburg: Biblija dlja vsech.

FRUMKIN, J.& ARONSON, G.& GOLDENWEISER, A. 2002. Kniga o russkom evrejstve 1917-1967. Moskva: Dom Kultury.

GAUß, K-M. & HARTINGER L. 1988. Marxismus. Die revolutionären Thesen des deutschen Bürgersohnes Karl Marx haben die Welt entscheidend verändert. Wien: hpt - Verl.

GAWRONSKY, M. (Jahr nicht angegeben). S. 8-13. Eine Russlandreise in unseren Tagen. Korntaler Hefte 2. Stuttgart-Hohenheim: Hänssler.

GIRTLER, R: 1992. Methoden der qualitativen Sozialforschung: Anleitung zur Feldarbeit. 3. unveränderte Auflage. Wien-Köln-Weimer: Bölau Verlag

Harvey Richard in Ulrich Laepple 2016. Messianische Juden - eine Provokation.

HOEKENDIJK, BEN. 1995. So fanden wir den Messias. Neuhausen-Stuttgart: Hänssler.

KAZ, A.1997. Evrei Christianstvo Rossija. Sankt Peterburg: Novyj Gelikon

KJAER-HANSEN, K. 1997. Iosif Rabinovitz i messianskoje dvizenie. Sankt Peterburg: Biblija dlja vsech.

KUSCHNIR, V. 1997. S. 156. Shisnʻ Iisch odna. Biografija Leona Rosenberga. SSA (USA): Slavjanskoe Christianskoje Isdatelʻstvo.

LEONHARD, W. 1976. Was ist Kommunismus? Wandlungen einer Ideologie. München: C. Bertelsmann Verlag.

MAOZ, B. 2003. Milostʻ i istina. Rishon LeTzion:Tali.

MAY, F. 1996. Aufbruch im Heiligen Land. Wetzlar: Schulte & Gerth.

Marzinkovski, Wladimir 1995

MESSMER, M. 1992. Die Judenfrage in der Sowjetunion. Konstanzer Schriften zur Schoah und Judaica. Herausgegeben von Erhard Roy Wiehn. Hartung-Gorre Verlag Konstanz.

Nachman Viktor. 2016. Die Chronologie der Heiligen Schrift. Lichtzeichen Verlag. Lage

RAUCH, G. 1955. Geschichte der Sowjetunion. Stuttgart: Alfred Kröner Verlag.

ROTHENBERG, F. (Hg). Christsein heute. Handbuch der Probleme. Band I. Wuppertal: Brockhaus.

Sartakova M. 2008. Vokrug sweta. ISRAELʻ

SCHOEPS, J. (Hg.) 2000. Neues Lexikon des Judentums. Gütersloh: Gütersloher Verlagshaus

Schrupp Ernst 1999. Die messianischen Juden und wir Christen in Deutschland

SMITH H. 1991. Die neuen Russen. Reinbek bei Hamburg: Rowohlt Verlag GmbH.

SOLZENICYN, A. 2001. Dvesti let vmeste. Issledovanija novejschej russkoj istorii. Moskva. Eastʻ I: Russkij putʻ.

SOLZENICYN, A. 2002. Dvesti let vmeste. Issledovanija novejschej russkoj istorii. Moskva. East' II: Russkij put'.

THEIMER, W. 1985. Der Marxismus. Lehre - Wirkung - Kritik. Tübingen: Francke Verlag.

TELUS, W. 1998. O duchovnoj istorii evrejskogo naroda. Moskva: Priszels.

QUADFLIEG, K. 1995. Ohne Jesus kein Heil. Das Elend des modernen Israel. Hamburg: Verlag C:M: Fließ.

WANNER, M, 1981. Worte für unsere Zeit. 2200 treffende Zitate. Gießen: Brunnen Verlag.

Internet:

https://de.wikipedia.org/wiki/Gro%C3%9Fer_Terror_(Sowjetunion)

https://de.wikipedia.org/wiki/Geschichte_der_Russlanddeutschen

https://www.ekd.de/download/Arbeitshilfe.pdf

*Katharina und Jakob Kröker*
*Jerusalem, März 2017*

*Ich zeichne spät am Abend eine Skizze vom Heilsplan Gottes.*

*Begegnung mit Pastor Neriyah*

*Pastor Neriyah*

*Evangelist Tom Mayr-Loris mit seiner Ehefrau Esmi*

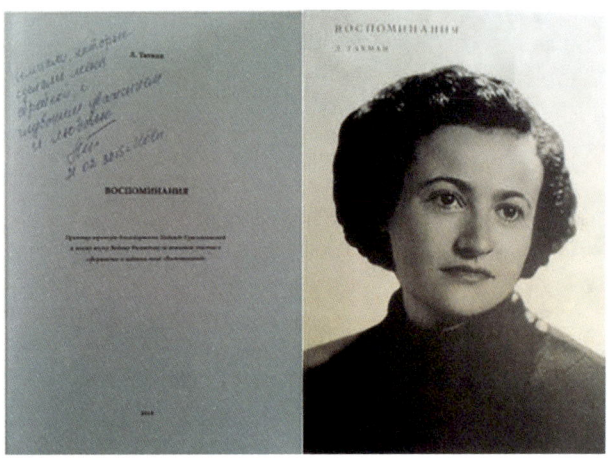

*Ludmila Tachman „Erinnerungen"*

*En Bokek Quelle*

*Taufe am Jordan*

*Auf den Ölberg in Jerusalem*

*Deutsche Touristen in Kidrontal vor dem Goldenen Tor*

*Am Zionsberg. Gruppe von Deutschen Touristen in der Nähe von König Davidsgrab*

*In Kapernaum*

*Die Klagemauer*

*An der Klagemauer*

*Segnung der Täuflinge*

*Schachspiel mit Ex-Drogensüchtigen in Israel*

*Ausflug mit der jüdischen Gruppe aus Köln*

*Sabbat-Gottesdienst in Köln*

*Sabbat-Gottesdienst in Köln*

HANUKA, KÖLN 2006

*Hanuka, Köln 2006*

*Gottesdienst in Askalon*

*Gottesdienst in Askalon*

*Der Verklärungsberg in Galilea*

*See Genezareth*

*Fischerbot auf dem See Genezareth*

*Fischernetz auswerfen*

*Kapernaum Ausgrabungen*

*Reste der Synagoge von Kapernaum*

*Mit Pastoren aus Russland am Siebenleuchter (Menora), gegenüber dem Knesset*

*Predigt vor dem Hügel Golgatha*

*Ölbäume im Garten Gethsemane*

*Am Gartengrab*

*Am Grab von David und Paula Ben Gurion*

*Am Krater bei Mizperamon*